世界经典家教系列丛书

和孩子一起找到学习的乐趣
——斯宾塞的快乐教育

田学超　编

中国社会出版社

国家一级出版社·全国百佳图书出版单位

图书在版编目（CIP）数据

和孩子一起找到学习的乐趣：斯宾塞的快乐教育 /
田学超编 . ——北京：中国社会出版社，2016.9
（世界经典家教系列丛书）

ISBN 978 - 7 - 5087 - 5433 - 8

Ⅰ . ①和…　Ⅱ . ①田…　Ⅲ . ①儿童教育—家庭教育
Ⅳ . ①G782

中国版本图书馆 CIP 数据核字（2016）第 229457 号

书　　名：和孩子一起找到学习的乐趣——斯宾塞的快乐教育
编　　者：田学超

出 版 人：浦善新
终 审 人：李　浩
责任编辑：牟　洁　　　　　　　　　　责任校对：陈　蔚

出版发行：中国社会出版社　　邮政编码：100032
通联方法：北京市西城区二龙路甲 33 号
电　　话：编辑室：（010）58124861
　　　　　销售部：（010）58124841
　　　　　　　　　（010）58124842
网　　址：www. shcbs. com. cn
　　　　　shcbs. mca. gov. cn
经　　销：各地新华书店

印刷装订：中国电影出版社印刷厂
开　　本：170mm×240mm　1/16
印　　张：12.75
字　　数：175 千字
版　　次：2016 年 11 月第 1 版
印　　次：2016 年 11 月第 1 次印刷
定　　价：45.00 元

中国社会出版社天猫旗舰店

中国社会出版社微信公众号

前　言

　　家庭教育、学校教育、社会教育是一个人成长和成才所需经历的三大教育。在这三大教育中，家庭教育首当其冲，尤为重要。如果，把一个人的成长和成才比作一棵树，那么，家庭教育就是树根，学校教育就是树干，社会教育就是树冠。家庭教育不光是学校教育和社会教育的根基，也是它们的支撑和保障。

　　家庭是孩子的第一所学校，也是他的终身学校；父母是孩子的第一任教师，也是他的终身教师。

　　如何教育好自己的孩子？这是当今父母所遇到的一个难题。

　　今天，不管是70后、80后还是90后，作为父母，我们遇上了历史上从来没有过的一段特殊的时期：科学技术的迅猛发展、传统观念的断层裂变、贫富差异的日益分化、互联网的深入影响、快节奏的生活方式、多元化的社交网络、信息爆炸的碎片化、人口迁移的多样性、教育资源的差异化……从计划经济时代到市场经济时代，从独生子女一代到放开二胎……无不深深影响着我们每一个家长对孩子的教育，关系孩子未来一生的成长。

　　今天，家庭教育已面临着前所未有的挑战，比历史的任何时期，都更受家长的关注和重视。

　　没有教育不好的孩子，只有不懂教育孩子的父母。不同的父母，不同的家庭教育环境，不同的教育方法和理念，教育出来的孩子截然不同。

懂教育的父母，可以成就孩子的一生；而不懂教育的父母，则可能毁了孩子的一生。

家庭教育成败的关键不是孩子而是父母，所以教育孩子应从父母抓起。

基于此，为了让新生代父母能真正成为孩子的第一位老师，完全掌握好的教育方法和理念，我们特从浩如烟海的世界家庭教育经典名著的历史长河中精心编著了这套《世界经典家教系列丛书》。这套书精心遴选了经过岁月的洗礼和时间的考验，结合前人的经验和后人的印证，已被后世所公认的家教经典：《学会与孩子对话——查斯特菲尔德给儿子的忠告》《培养天才的传世秘籍——卡尔·威特的教育》《打开孩子的财富之门——洛克菲勒教子书》《和孩子一起找到学习的乐趣——斯宾塞的快乐教育》《孩子也是父母最好的老师——斯托夫人自然教子书》《扮演好你在孩子眼中的角色——罗斯福教子书》《家庭是孩子最好的学校——约翰·洛克的家庭教育》《发掘孩子身上的巨大潜能——哈佛名人教子书》《走进孩子心灵的捷径——蒙台梭利育儿全书》《富过三代的秘密——摩根家族教子书》。

这套享誉全球的世界家教经典读物，揭开了孩子成长发展的奥秘，堪称改变和影响了全世界孩子成长的教育圣经。

这是一套值得每位父母收藏的家教经典，涵盖了孩子在成长和成才过程中的各个方面：包含健康的体魄、健全的人格、高尚的品性、良好的学习方法、完美的人际交往、个性的独立、能力的提升、财富的获取、情感的经营，以及日后婚姻、家庭、生活、事业等方方面面。

一套十本，每本书分别着重从不同的角度和方面来阐述对孩子的教育。这里的每本书可以分别独立，十本书又互成一体，全方面、全方位来帮助家长更好地教育孩子。

这套经典家教读物，影响深远，涵盖古今，气势恢宏，弥补了当前国内全面系统、深入细致、权威有力介绍世界家庭教育名著的空白，且有着其独有的魅力与特色：其一，这是一套推动西方教育革新，影响全世界几代人成长，历经数百年而不衰的教育精华，所选的每一本都是经典中的经典，权威中的权威；其二，每一部作品，结合当前的教育，使影响世界教育进程的大家作品与时下父母的教子需求完美结合；其三，深入浅出，通俗易懂，让高高在上的教育论著走下神坛，成为最接地气的家教读物；其四，没有干瘪的说教，不是枯燥的论述，而是案例丰富，故事生动，可读性强，借鉴性大，实用性强，启发性大……

这是一个教育最好的时代，这也是一个教育最坏的时代。谁能抓住孩子教育的黄金时代，谁就能给孩子创造一个美好的未来。

希望每一个孩子都能健康成长、快乐成才；希望每一个父母都能教子有方、助子成才。

希望把这套家教读物送给每一位已为父母和即将为父母的人，还有每一位教育工作者和每一所图书馆。

给孩子最好的礼物，莫过于给孩子最好的教育。

给孩子最好的教育，从此书开始吧……

谨以为记。

田学超
2016 年 5 月 20 日于武汉

自　序

我写这部关于教育的书，是思考了很久才决定动笔的。

我对教育情有独钟，因为在这个过程中，它能给我带来很多快乐。在创作期间除了一些关于教育真理的思考外，更多的时候我会享受教育带给我的激动、美妙和温馨。

在写作过程中，我也有过迷茫，是坚持不懈地写下去，还是放弃？

最终，我做出了坚持写下去的决定，这不仅让我完成了我的理想，同时也获得了我生命中最大的快乐。我曾用大半生的时间写下了数十卷的著作，从天文、地理、生物到心理学、社会学、伦理学，但是这本书却是我的最爱和最成功的著作，也是我关于教育的实践和思考。

这种经历开始是不幸的，坚持下来的成果使它最终成为了一件幸运和富有启示意义的事情。所以，我不后悔我的选择，更感到是一种荣耀。

我认为每一个孩子的成长，不光属于一个家庭，而更应该属于一个国家和社会。

如果我们能培养出一个道德高尚、有素质和有才华的孩子，那么，他在将来会对我们的社会产生积极的作用。所以，我们一生中最有价值的和最重要的工作就是如何培养好自己的孩子，并且要让每一位父母都能培养好自己的孩子。让每一个孩子都成为对祖国、对社会有用的人才。

我教育小斯宾塞遵循的原则就是快乐。因为只有快乐才能让孩子幸福地成长，也只有在幸福快乐中成长的孩子才能创造出幸福快乐的人生。

目录

第一章　小天使降临的序曲

孩子，是家庭的一部分，更是国家和社会的一分子，同时也是一个民族的未来。一个德才兼备的孩子，不光是一个家庭的幸福，还是一个家庭教育的结晶。

家庭教育对一个孩子来说是至关重要的。

我喜欢做教育，不仅仅是兴趣，而是它能带给我很多乐趣，就像是一次又一次地漫步在充满记忆的林中。抛开一些关于教育的真理的研究不说，更多是那些激动与美妙温馨洋溢在我的心中。让我常常在心里对自己说：在有限的生命里能够从事教育，培养新人，和大家共同分享快乐教育的方法，这种感觉是无与伦比的。

其实，我写这本书源自于一个不幸，这个不幸最终变成了一件幸运和充满启示意义的事情。那么，让我从这里开始。

1. 认识小斯宾塞

大家都知道小斯宾塞绝不是天生的神童或者说是天才，但是他最后所取得的成功却远远超出了那些神童。更值得骄傲的是，在他成长的过程中，他从生活中获得的幸福和快乐也比许多神童要多得多。

我的家乡是英格兰中部的一座小城——德比城，我的家是在埃克塞特路12号，已经处在郊区了。正是因为地处城市的边缘，所以，我能在家的院子里开辟一个小花园，这对于城市居民来说，是很难得的，常青藤长满了我的花园，德文特河从我的家门口流过，河对面就是德比城区。这是一个非常美丽宁静的小镇，它宁静而淳朴，居住在这里的居民都习惯地把它叫作德比小镇，而对小斯宾塞的教育就是由我从这里开始的。

我们家算是教师世家，我的祖父和两个叔叔是教师。威廉·乔治·斯宾塞是我的父亲，他也是一位学识渊博的人，在我们德比小镇上算得上是一位很有名气的教师。

在我小时候，我有很多兄弟姐妹，由于种种原因，他们都早早地夭折了。所以我在家里排行老大，最先离开我的是我的妹妹露伊莎，她离开人间时才刚满两岁，更糟糕的是接着我的五个弟妹都是刚出生不久就夭折了，我的父母对此非常的难过。

家庭的这种不幸，让身为教师且信仰上帝的父亲非常惶恐，一度认为是上帝对他的惩罚，但他一直想不通到底哪里做错了，让上帝如此惩罚他。那个时候，我也不懂，也归咎于是上帝惩罚我，让我陷入孤独和失去亲人的痛苦中。如今，我已经长大了，完全否认了那样的想法，我从科学的角度出发，进行考虑，认定这其实就是因为缺乏育儿知识造成的，如果我的父母能早一点知道这个道理，那么，悲剧或许就可以避免了。这也是为什么后来的岁月里我会在研究生理和医学中花大量的时间研究新生儿养育方法的最终原因。

由于经历过这样的悲惨不幸，所以我的家族非常重视对新生幼儿的养育问题，我们都希望悲剧不会再在我们的后代身上重现。

丹尼·斯宾塞是我从小一起长大的远房兄弟。从小到大，我们的关系都十分亲密，他是一名非常出色的兽医，方圆几十里的农户都非常喜欢他，而他也是有求必应。丹尼的妻子是镇上的一位美丽的姑娘，她叫罗莉。在他举行婚礼时，几乎所有斯宾塞家族的人都来到了家乡的教堂里，为他们的婚礼祝福。我记得那天的天气非常好，阳光明媚，云雀在蓝天上唱歌，高高的白杨树在微风中摇晃，似乎也在为他们的幸福喝彩。教堂里的乐师用大提琴奏响着快乐的婚礼进行曲，在神父的祝福中，他们夫妻在耶稣像前发誓并交换心戒。这美好的一切，预示着他们即将开始崭新又美满的生活。

结婚以后，小两口的日子过得非常让人羡慕。他们的生活平静而又幸福。在婚后不久，他的妻子就怀孕了，这预示着他们的第一个孩子马上就要降生了。生孩子在我们家族是一件大事，为此，丹尼非常高兴，他央求我做他孩子的教父，能亲自教育他的孩子。我自然不会拒绝他的要求。为了真正为丹尼提供帮助，我就开始收集一些关于生物学和医学方面的知识。比如 5 个月胎儿在母体就有思维，在这个阶段就要对胎儿进行胎教，这样会使得孩子大脑得到充分的发育；而在胎教音乐的选择方面，不应该过于高亢和激烈，而应该以莫扎特柔缓的音乐为主；再比如孕妇在洗澡时不可用太热的水，等等。这些收集到的知识我全部交给了丹尼，而我认真的态度和合理的建议使丹尼对我信任有加，俨然把我当成了一个专业的育婴专家，我们都期望我们的精心准备能为家族增添一个聪明、健康的小宝贝。

没多久，我们期盼的小天使终于降临了，我们整个斯宾塞家族的人都为他的到来感到高兴。小家伙长着一双大大的眼睛，声音洪亮，哭起来像吹起了号角一般，看起来非常健康，我们都叫他小斯宾塞。

令大家意想不到的是，这个可爱的孩子，会在将来给我们带来许多意想不到的事情，也改变了他和我们的生活。

事情要从小斯宾塞两岁那年开始。

那是一个雷雨交加的夜晚，德文特河因为雨量增加过快，从平静变得洪流汹涌，就像一群脱缰的野马，奔腾着从上游呼啸而下。许多居民为了避免遭到危险，都躲在家里，避免出门。丹尼却在出诊时，不幸遇到了山洪，他落到水里，被洪水冲走了，再也没有回来。突然降临的灾难击倒了这个幸福的家庭。半年以后，小斯宾塞的母亲无力支撑整个家庭，就含着热泪把小斯宾塞托付给我，依依不舍地离开了这里。

从此，小斯宾塞与我生活在了一起。我负起了教育他的职责，把他当作自己的亲生儿子抚养。这不仅是对丹尼的告慰，也是我的责任。我甚至愿意为他的成长付出我的生命。

小斯宾塞慢慢长大了，也越来越可爱。从他的身上我得到的快乐，远远超过了我对他的付出。我的父亲担心我一个大男人照顾不了小孩，就特意从乡下请来了一位远房亲属。她的名字叫德赛娜，是一个勤劳善良的乡下妇女，虽然没有受过什么正规的教育，缺少文化素养，有时还显得有点笨拙，但她最难能可贵的是她非常疼爱小斯宾塞，这对我来说，就已经足够了，因为在我看来，爱心可以弥补许多缺憾。有了她的帮助，我可以抽出许多时间进行早期教育的实践和研究，并运用到小斯宾塞身上。

无论是出于对教育研究的兴趣，还是从对小斯宾塞的责任出发，我对当时流行的各种教育模式，包括家庭教育和学校教育都进行了研究，甚至对整个国家的教育体制都进行了深入探讨，更不用说传统的教育习俗和必需的教育心理学知识。而我之所以要研究这些，不是为了积累什么学问，成为什么专家，而是为了更好地教育小斯宾塞。

我在本书的写作中，没有按照传统的写作方式去遵循严格的时间，而主要是以教育中的各类别问题来进行阐述，我认为这种写作方法可以帮助读者对我的教育观点有一个清晰而完整的认识，也可以让许多家长更有兴趣地进行阅读和思考，从而反思自己的教育方法是否得当。

大家已经知道我对小斯宾塞的教育是从一个不幸开始的，可喜的是结果是令人满意的大团圆结局，在这个过程中充满了欣喜和快乐。小斯宾塞以优异的成绩被剑桥大学破格录取时才 14 岁，在后来的求学过程中，他不负众望地在多个学术领域取得了卓越的成就。更令人高兴的是，在生活上他也是幸福快乐的。他的一生都受人尊敬、对人热情而又富有爱心。可以说，我的独特教育方法在他的身上取得了成功。

大家都知道小斯宾塞绝不是天生的神童或者说是天才，但是他所取得的成功却明显比那些神童都要大得多。更值得骄傲的是，他从生活中获得的幸福和快乐也比许多神童要多得多。可以说，他的一生是成功的一生。

2. 孩子需要微笑和抚摸

在我们教育的期间，如果你对自己的孩子多一些身体的亲密接触：微笑或者抚摸，有时哪怕只是亲昵的拥抱，都会使孩子在智商、情商的发展上更加优异。

让我们从小斯宾塞开始说起吧。他的到来改变了我的生活，我们全家也都围绕着小斯宾塞而忙碌，希望他能健康、快乐地成长，这对于我们也是一种幸福。

我们镇上有一个孤儿院，开办的时间并不长。院长也是个随和的人，我们时常在一起交流，对如何教育孩子进行探讨，院长对于我在教育孩子方面的科学研究很感兴趣。有一次，孤儿院里的孩子们得了一种奇异的病。他们没有食欲，精神不振并且神情呆滞，偶尔还会发出不属于这个年龄段的长叹，似乎有着无限的无法言说的心事。院长请来了镇上最有名的奥尼尔大夫，但奥尼尔用了很多方法也没有查出是什么毛病。最后院长想到了我，让我帮着检查检查，看孩子们到底得了什么毛病。我欣然答应，决定去试一试。

我对孤儿院的孩子们进行了长时间的观察，发现他们一个个都很忧郁，这样的情景让我感到难过和不解。我了解到他们是一群孤儿，在这单调的孤儿院里生活了很长的时间，因为长期没有亲情的滋润，就像阳台上的含苞待放的雏菊缺乏阳光雨露一样，眼看着就要慢慢枯萎下去了。

深入调查研究之后，我终于查出了原因。于是，依据他们的这种情况，我从镇上请来了一群十几岁的小女孩和他们一起玩耍。这些女孩的到来，使得孤儿院沉闷的气氛立即改善了。她们就像一群活泼可爱的天使飞进了沉闷的孤儿院。她们和这些孤儿一起做游戏，和那些孤儿抚摸、拥抱、亲吻。从那以后，为了让效果更明显一些，我让她们每天下午都来，时间是半个小时，周末待的时间会更长一些。

和这些女孩相处久了,孤儿院的孩子们慢慢地开始活跃起来,他们不再沉闷,喜欢和人进行交流,有些孩子不再躲在房间里,而是欢快地绕着院子里的白杨树奔跑,嬉戏打闹,他们的眼睛也从灰暗变得发亮,食欲大大增加,身体明显转好,可以看出以前沉闷的苦日子已经被他们抛到脑后了。

"你怎么会想到用这种方法来改变他们呢?"院长看到改变之后,好奇地问我。

"因为他们皮肤饥饿了!"

院长惊讶地说:"皮肤饥饿?皮肤也会饥饿吗?"

我说:"当然,皮肤也会饥饿。这种需求,不是靠吃食物来解决的,而需要的是有爱的拥抱、抚摸。如果孩子的这种关爱得不到满足,就会让他们的身体发育不良,智力衰退,甚至变得迟钝。他们在这样的环境里待久了,长时间得不到拥抱、抚摸,皮肤就产生了饥饿。"

院长点点头说:"看来确实如此!"

幸运的是我的小斯宾塞没有这样的遭遇,他每天都那么开心快乐,就是因为我也把这个方法用在刚来到我家不久的小家伙身上,让快乐时常环绕着他,使他远离焦虑和寂寞。

在我们教育孩子的时候,如果你对自己的孩子多一些身体的亲密接触:微笑或者抚摸,有时哪怕只是亲昵的拥抱,都会让孩子在智商、情商的发展上比过去更加优异。

因此,拥抱、抚摸、牵手,也是教育的一部分,不容小觑。而且,它所起到的作用远远超过了我们的想象。所以,不要吝啬自己的热情,要用自己的热情去唤醒孩子们掩藏在内心中的灵性,使他们能快乐地成长。

3. 父母是孩子最重要的老师

所以,孩子就像夜晚的种子,只有在无量潜力且难以捉摸的黑夜中才能发芽壮大,父母的教育是我们千万不该忽视的。

在小斯宾塞 3 岁的时候，我们给他过了一个非常特别的生日。

3 岁的小斯宾塞，一直是我的希望，我认为我们两个将会开始幸福快乐生活的新篇章。如果说以前我与小斯宾塞一起玩耍仅仅是为了研究教育的意图的话，那么真正的教育在接下来就应该开始了。

在小斯宾塞生日的那天晚上，德赛娜和我一起交流了如何才能教育好孩子。她的观点是：应该让孩子尽情地享乐，因为孩子的童年是短暂的，教育的事等他上学了再去考虑，再说，这些事在我们乡下主要交由老师，父母一般做不了什么。所以，就不要在如何教育孩子方面去浪费时间，就让他去玩吧。

对于德赛娜的想法，我很理解，也知道她的文化水准对于如何教育孩子是无法真正理解的，但我还是想告知她我的观点：教育孩子离不开父母，而且这份责任是不可推卸的，与父母有很大的关系，把一切工作都推给教师，是一种不负责任的行为。我给她讲了一个关于教育的古老的寓言故事，借以证明我的观点。

在很久以前，有 3 对年轻人，他们于同一天结婚，也都在同一天向上帝祈祷：万能的上帝啊，请赐给我智慧、勇敢、爱心和健康的孩子，不管是男孩，还是女孩。第二年，正如这 3 对夫妇所求的，每一个家庭都降临了一个小宝宝。他们从此开始了充满快乐、忙碌的生活。

随之而来的也有麻烦的事情。20 年后，这 3 对夫妻再次来到了教堂，向万能的上帝祈祷。第一对说：上帝啊，求你救救我们的孩子吧，他自私而贪婪，并且一无所长，我们不知道他以后靠什么生活，甚至担心他的生计。第二对说：上帝啊，你为什么要这样惩罚我们，我们的孩子现在完全是一个没有自制力，脾气暴躁的人。最后一对夫妇说：万能的上帝啊，感谢你给我们送来了一个好孩子，他坚强、聪慧，又热心，我衷心地感谢你，让他成了我们生活中快乐的源泉……

就在此时，教堂的顶上突然传来一道明亮的光芒，从这光中传来一个声音：20 年前，我应你们的要求，把 3 个可爱的孩子交给你们的时候，他们都一样聪明可爱，这是在他们出生时你们都看到了的。那个时候以及此后的几年，你们谁不沉浸在孩子降生的喜悦中呢，谁不心怀感激地夸奖自己的孩子呢？我送到你们身边的孩子都是一样的聪明可爱，只不过每个孩子的特点各异，他们每个人都有成为社会有用人才的潜能。但是后来，是你们自己，没有像照料一粒刚刚入土的麦种般悉心去培养他们；是你们自己不积极去找寻适合教育孩子的方法，而且逐渐丧失了耐心；是你们自己用粗鲁、简单的态度对待孩子，以致孩子变得越来越愚钝，甚至走上歧途。这些问题不是你们自己造成的吗？

我在这里特别强调的是，在你们中间，也有悉心照料和精心培育孩子的，他们并不是经济实力很强、也不是很有权势的，有的甚至屡遭命运的戏弄，但他们在教育孩子的问题上有坚定的信心和足够的耐心，这样的付出使他们得到了应有的回报。而有些人尽管富有，却不重视早期教育，早早地在教育上放弃了自己的孩子，他们的孩子可以想象是什么样的状态，他们粗鲁、愚钝，有的甚至误入歧途……

此时，在教堂里的3对夫妇早已泪流满面。他们都在心里重新审视自己和自己的孩子。

听了我的故事，德赛娜被感动了，她的眼睛也湿润了，她激动地说："先生，为了我可爱的小斯宾塞，我虽然学识不多，但我一定配合你的教育，一切按照你说的去做！要让他将来成为一个有用的人。"

在我的调查研究里，父母毫无例外都是孩子接受教育的第一个老师。一个孩子的降生不仅是属于他的家庭，而且属于整个社会。毕竟，在现代社会里，任何一个人都无法离群索居，和社会不发生联系而生活得很好。一个品质优良、有良好教养和技能的孩子，成年后就是一个对社会有用的人才，在生活和工作中才能持有积极的态度。父母成功地培养出一个好孩子，将来会成为对整个社会有影响力的人物；有的时候起的作用可能不如有影响的人物那样大，但只要有好的作用，哪怕只对一个工厂、一所学校、一个农场、一个家庭有作用，也是良性的、积极的作用。相反，品行不端、没有教养、没有技能的人，对于社会的影响是负面的，会给别人带来痛苦，自己也无法获得幸福。因此，培育孩子是一个重要的事情，培养孩子是有价值的。我非常希望每个人都能意识到这项工作的重要性。

还有一点，孩子在学校接受教育的时间是有限的，而和父母待在一起的时间要多出在学校许多。从这一点来说，父母的教育也是责无旁贷的。学校能教给孩子的大部分是知识技能，但是对于培养孩子优良的品质和激发一个孩子的潜能来说，学校的教育是无法和父母相比的。

也许我的这个观点会遭到很多人的反对，但这并不重要。我可以用一个很好的比喻来说明，对于孩子的教育，学校好比是白天，而家庭就是夜晚。要知道，夜晚往往会发生很多看不见的变化。只要细心观察一下，我们就会发现，人悄悄地长高是在夜晚进行的，就如同种子总是在夜晚发芽一样！

所以，孩子就像夜晚的种子，只有在无限潜力且难以捉摸的黑夜中才能发芽壮大，父母的教育是我们千万不该忽视的。在许多方面，父母的教育不但不能削弱，而且还应该加强。

4. 孩子是家庭的一面镜子

在后来的研究中我发现：孩子就是家庭的一面镜子。孩子的身上能折射出他整个家庭的一切。他的家庭和睦快乐，孩子也快乐；他的家庭冷淡粗暴，孩子也会有这方面的性格……

《圣经》中有这样一句话：孩子是世界之宝。

开始，我对这句话并不是很理解，总觉得有些夸大，似乎有娇惯孩子之嫌。但在我开始对小斯宾塞进行真正意义上的教育之后，我开始理解了这句话的含义了，觉得没有什么比这句话更贴切了。

孩子的变化一般都是从 3 岁以后开始的：比如好奇心增加，希望与外界接触，想满足自己的强烈欲望。与此同时，逆反的心理也开始产生，主要表现是喜欢固执己见、为人处事喜欢以自己为中心等，不太考虑别人的感受，甚至对自己的父母也缺乏尊重。另外，孩子在这一阶段最大的变化就是特别喜欢模仿父母和周围人的言行举止。

记得有一天，我下班回来，看见小斯宾塞淘气地把学习用的法语单词卡片撒了一地，一个人坐在窗台前逗玩鸽子。德赛娜见我回来，马上对我说："先生，看看你的儿子吧，我实在没辙了，他一整下午都在逗那些鸽子，一个法语单词都没有记，还将卡片撒得到处都是。"其实，经过一天的劳累工作，我已经很疲惫了，但想到此时正是教育孩子改正错误的机会，还是耐心地对小斯宾塞说："亲爱的，你知道，其实法语是这个世界上最美丽最准确的语言。来，我们今天只学一个单词。"

"爸爸，我讨厌学法语，我想跟你去修火车，我不喜欢背单词！"小斯宾塞气嘟嘟地说。

我说："现在还不行，要等你长大了才能去修火车。现在来学法语吧，哪怕就只学一个单词。"

小斯宾塞依然固执地摇头："我讨厌法语，我不要学，我不要学！"

"以前你不是说过很喜欢法语的吗？"我尽量压制住慢慢升起的怒气。

"现在有比学法语更好玩的，比如鸽子。"小斯宾塞指着鸽子们说。

"不学就永远不要学了！"我实在是控制不住自己的脾气了，朝他大声吼起来。

德赛娜也跟着说道："就像卖鸽子的小孩。"

小斯宾塞目瞪口呆地看着我们，但他的小手并没有离开鸽子笼，还在机械地拨动着一些麦粒，他显然被我和德赛娜的吼叫声吓着了，不知道该怎么办才好。

我当时真的很失望，也不愿意再待下去了，就抓起椅子上的工作服冲出了家门。

我漫步在黄昏的小镇，空气中飘着的青草芳香逐渐使我冷静了下来，回想刚才的一切，我觉得是自己做错了，对一个 3 岁的不懂事的孩子发这么大的脾气，的确是不应该。我的情绪激动，是与我在火车机车修理厂工作发生的烦心事有关。上班时，主管说我修过的地方还是犯老毛病，这让我一天情绪都不好。回家后，我便把这股闷气撒向了小斯宾塞。冷静下来仔细想想，其实引导他学法语的方法有很多种，比如就从他最感兴趣的鸽子的话题聊起，再讲讲诺亚方舟，讲讲衔着橄榄枝欢报信息的那只鸽子，而不应该采取强制的办法去逼他学。

在后来的研究中我发现：孩子就是家庭的一面镜子。孩子的身上能折射出他整个家庭的一切。他的家庭和睦快乐，孩子也快乐；他的家庭冷淡粗暴，孩子也会有这方面的性格……

值得庆幸的是，我认识到了自己的错误，并决定不再犯了。从此以后小斯宾塞每天都能看到一个能克制、有耐心、不断寻求教育方法并持之以恒的我。在如何对待孩子方面，我及时地改正了自己的错误，不再用不好的情绪面对我的小斯宾塞。而这种情绪的转变，也让我的教育方法收到了很好的效果。

关于镜子的这一理论，后来又在我的邻居身上得到了验证。

一天，邻居阿德诺来拜访我，说他的孩子现在精神不振，说话总是无精打采，好像对什么都没有兴趣，他为此非常焦虑。我对他说，要想明白你的孩子为什么这样，首先要从自己开始进行反思，检查一下你自己平时的言行，你那无精打采的声音是否反映到你对生活的失望和厌倦，你妻子尖利的叫声是否造成了家里紧张的氛围。总之，一切都应该先从自己身上去寻找原因。阿德诺听后恍然大悟。

我认为对孩子进行教育的过程，也是一个进修自己的过程。你希望孩子将来怎样，你就应该要求自己怎样做。我们常常可以从孩子的语言和行为中听到、看到自己的言行。

无独有偶，德赛娜的一个朋友苔丝也遇到了类似的状况。一天晚上她来到我家，和德赛娜谈起她的女儿。她的女儿在镇上是出了名的神童，已上了小学，每个学期都是班里的第一名，牧师布道时还经常邀她站在旁边。苔丝说，小女儿很多方面都表现得不错，但近来有些表现令她担心。

尤其在与同学的相处方面，在教训她的同学时她显得很尖酸刻薄，对班上成绩差的同学明显表现出轻视。如果其他孩子在某些方面做得比她好，受到了大人的夸奖，她会很生气地否认那个受褒奖的孩子。德赛娜沉默了一阵，然后把征询的目光转向我。我也经常从德赛娜那里听到一些有关苔丝的事。我或多或少一些了解苔丝的性格，她刻薄、爱教训别人等。于是我试着问苔丝："难道你没有发现你的女儿简直是你的翻版吗？"

当然接下来我也给苔丝讲了镜子这个比喻，她明白以后，就很快地改变了自己对别人的态度，随后，她的小女儿也真的发生了很大变化。

我认为要教育孩子，父母首先要自我进修。在小学、中学、大学，所学的每一门课程都不是教导人们怎样去教育孩子的，可是现实生活中每一位成年人都要面对如何对自己的孩子进行教育的问题。难道子女的教育不重要吗？大家都知道是重要的，每个父母都爱自己的孩子，并希望他们有所成就，青出于蓝而胜于蓝。难道教育仅仅是学校的事吗？几乎每个人也会不认同这种说法。一方面是因为学校教育仅是教育体系的一部分；另一方面是每个孩子相对一个家庭都是相当重要的。对于每一个家庭来说，任何一个孩子教育的失败，都是令父母痛心疾首的事。

父母有着教育和抚养孩子成材的责任和义务。把孩子一生的前途，放在不懂任何教育，和存在落后习俗的环境中生长，那一定是一件非常可笑的事情。即使是饲养一只小动物，人们都需要去学习相关的一些饲养知识，而对于养育自己孩子的这样一件大事，难道就只能凭感觉办事，忽视孩子们的需要吗？

难以想象，一个商人不懂得运算和记账，会有怎样的后果；一个人没有学习过解剖，就开业进行外科手术只能带来可怕的麻烦。更不用说，对孩子身体、道德、心智各方面都不了解的父母要如何去教导自己的孩子了。那么，这样带来的后果我们可以想象：只有各种责骂、尖叫、惩罚和儿童无奈的哭声，这种情形难道不应该让我们去反思吗？

5. 父母要把最好的给孩子

请把你们对生活的热情奉献给孩子，无论多与少；请把你们最好的思想奉献给孩子，它不是地位、不是金钱；请把你们最好的品德给孩子们，它不是我们的无奈和陋习……那么当秋日来临的时候，你就会看到一株株丰硕的果实，看到一棵棵高大的树木，我们都会发自内心地高兴和欣慰的。

每一件善行都不会被忽视，一个人的每一次努力都终有所获。这是一句古老的谚语，这句谚语很快在小斯宾塞的身上应验了。

我们教区的主教准备在周末举办一次有关家庭教育的座谈会，并邀请我作一个主题发言。我很激动，作为一个火车机车工程师，在这样的座谈会上被邀请发言，的确是一件非常光荣的事，我可以借这个机会和其他人交流一些平时教育孩子的心得。

我们的座谈会就在教堂外百合花开得正盛的小院子里举行。美丽的百合花像一群整齐站立的白衣少女，漂亮至极，在这种情形下，我的心情也受到感染，感觉非常的好。

与会的人很多，在会上，大家畅所欲言。铁匠汤姆逊向我提出了这样的观点："尊敬的斯宾塞先生，我们都知道您在家庭教育上很有研究和心得，但是在我们这样偏远的小镇，一直以来生活的都是些平民百姓，像我们这样没有受到多少教育的人怎么能把孩子培养成了不起的人呢？在这个小镇除了牧师和火车修理工有一点文化外，大多数人只是些知道打铁或者种土豆、卖杂货、缝衣服的人……我们又怎样去教育孩子呢？"

老实说，对于汤姆逊的这种说法，我是非常理解的，但我并不赞同此种观点。于是我把本来准备在座谈会上发言的话题，改成《把最好的给孩子》这个题目。

我演讲道："是的，在我们这个小镇，大多数人是一些平凡的民众。但是，这并不意味着我们的孩子也必然是平凡的人，也并不能说明我们没有能力去教育我们的孩子，更不能说明没有必要尽心竭力地去教育我们的孩子。孩子刚刚开始在起跑线上，也许我们在这个瞬息万变的社会中是没有什么机会了，但孩子们会有。

这犹如一场接力比赛，我们传递到孩子手上的也许仅是一小截烧火棍，但我们无法预知孩子今后的发展。所以请不要小看这截小小的烧火棍。譬如你吧，汤姆逊先生，也许这一辈子你都在镇上打铁。但你坚忍、细心、热情，又有些小创意，如果把你的坚忍、细心、热情作为小小的礼物送给你的孩子，他将来也许会用来从事一件伟大的、对人类有益的创造性事情。将来的他也许会成为一位军事指挥者，也许会成为一个建筑大师。技能是学校的事，而品质多数来源于家庭。

一个人的一生，也许我们不会积累太多的财产，也没有什么名望，但每一对父母的生活经历都会积累一些好的经验和品质。这些就是最好的财富，请把这些给孩子吧，他们会用新的生命去放大，折射出璀璨的光芒。回忆一下我们的父辈，再回忆一下我们的童年。虽然我们已为人父为人母，但无不对孩提时代父辈们的一点点的善行和努力记忆犹新。播种好的品质，它会带给孩子一生的收获。

请把你们对生活的热情奉献给孩子，无论多与少；请把你们最好的思想奉献给孩子，它不是地位、不是金钱；请把你们最好的品德给孩子们，它不是我们的无奈和陋习……那么当秋日来临时，你就会看到一株株丰硕的果实，看到一棵棵高大的树木，我们都会发自内心地高兴和欣慰的。"

当我饱含深情地讲话时，连主教大人都受到了感动，他的眼睛都湿润了，汤姆逊先生也好像看到了新的希望，他用他那双打铁的、指节粗大的手，不断擦拭着流出的眼泪。

是的，要想获得最大的甜美果实，就把最好的品质给孩子，给孩子不断地施肥浇灌。

第二章　父母要做快乐的教育者

　　在教育孩子这件事上，我有过烦恼，但收获的更多的是快乐。在我看来，许多人因为缺乏耐心，在教育孩子这件事上，都会觉得枯燥乏味，甚至烦恼伤心，以至于最后完全放弃。

　　我始终认为教育孩子，最有效的方法是快乐教育和制造快乐的气氛。除了极少的神童和天才，99%的孩子在天赋上只是特点不同，区别不是很大。

　　此外，快乐教育会让孩子对生活增强自信。当你尝试和孩子一起唱歌时，就能使孩子感到生活如此美好，而不仅仅是枯燥的学习、作业、成绩，等等。和孩子一起唱首歌，大人心中的不快乐也会得到释放，大脑会渐渐兴奋，肺和腹会得到适当的运动。可以说，快乐教育是一种全方位的运动，对于孩子的全面发展都有好处。

1. 让我们和孩子一起快乐地歌唱

　　歌唱是快乐美好的事情，是我们人类与生俱来的天性。从古至今，我们人类都是伴随着歌唱繁衍生息。我们伟大的祖先在河流上唱过，在森林中唱过，在黑夜里唱过，也在白天劳动的时候唱过。要让孩子放声歌唱，因为唱歌可以释放心中的郁闷，兴奋大脑神经，肺和腹也会得到适当的运动。歌唱是教育孩子的一大"秘密武器"。

有一位叫克鲁斯的裁缝就住在我们的小镇上，他和他的太太在我们小镇上经营着一家缝纫店。他们总是每天从早忙到晚，很少能与外界做交流，十分勤劳，也很辛苦。他们从不缺席每个周末到教堂祈祷做礼拜，而且每次都带上他们可爱的小女儿。

一天，克鲁斯太太找到我，她的小女儿已经上小学五年级了，她对我说她每天不管再累，都会抽出时间来指导孩子学习。可是孩子的成绩依然不好，这让她既费解又伤脑筋。

最后，克鲁斯太太对我说："不能说她不用功，回到家里她总是手里拿着书本。就算她出去玩一会，我也会把她找回来学习。"

我想了想说："她喜欢唱歌吗？你平时在家唱歌吗？"

克鲁斯太太好奇地问："她呀，不喜欢唱歌，也从不唱歌，我也不喜欢唱歌。可是，这跟教育孩子有什么关系呢？"

我微微一笑说："因为学习需要快乐。你年轻时爱唱歌，是因为你快乐，而孩子这么小，竟然不喜欢唱歌，说明她不快乐。你可以试试，每天和孩子一起唱一首歌。"

克鲁斯太太回去后，按照我说的做了。后来，镇上有人告诉我："克鲁斯太太和她女儿唱歌唱得真好听。"

不久，当克鲁斯太太再一次来到我家时，她变得神采奕奕。她感激地对我说："斯宾塞先生，太感谢你了。我的女儿成绩比上学期好多了，而且她唱歌也很好，是您的指导改变了她！"

其实和孩子一起唱歌并不具备什么神奇的魔力，道理很简单，因为唱歌总会让自己和周围的人情绪变得轻松快活起来。而轻松的音乐也会调动孩子们的神经，让他们快乐起来。

此外，和孩子一起唱歌，可以让孩子增强对生活的信心，生活中美好的东西都能使孩子在美妙的歌声中感受得到，让他们感到愉悦。让他们觉得生活不应该仅仅是一味枯燥地学习、作业、成绩，等等，而是一种可以让自己感到快乐的过程。这样，他们也就不会对学习产生反感了。

歌唱是快乐美好的事情，是我们人类与生俱来的天性，也是人类最伟大的一项创造。从古至今，我们人类都是伴随着歌唱繁衍生息。我们伟大的祖先在河流上唱过，在森林中唱过，在黑夜里唱过，也在白天劳动的时候唱过，人类发展的历史，就是一部歌唱伴随的历史。所以，家长要创造条件让孩子放声歌唱，因为唱歌可以释放心中的郁闷，兴奋大脑神经，肺和腹也会得到适当的运动。歌唱是教育孩子的一大"秘密武器"，也是最有效的武器。

我不仅把这一点告诉别人，在家里也是以身作则，经常和小斯宾塞在家里和野外放声高歌。小斯宾塞唱到动情的时候，会非常投入，仿佛自己都融化到音乐当中了，而我也从中感受到了教育的轻松和快乐。

尽情歌唱吧，做一个快乐的教育者，给孩子带来快乐的教育。这或许是唯一不需要花多少成本的教育方式，又何乐而不为呢？

2. 做一个快乐的教育者

教育孩子的最终目的是让孩子成为一个幸福快乐的人，在采用教育的手段和方法时，也就应该是快乐的。这就好像一根细小的芦管，你从这头输进去的如果是苦涩的汁水，在另一端流出的也绝不是甘甜的蜜汁。

在我的悉心照顾下，小斯宾塞成长得很快，当他到了 5 岁时，镇上开始流传这样一句话："别人家都在抱怨教育孩子的烦恼，只有斯宾塞家除外，他们家的教育是快乐的。"

关于我的快乐教育，小镇上有着各种各样的说法。这些说法流传得近乎神奇，仿佛我不是一位家长，而是一位有着无穷法力的魔法师。当然事实也并非完全像人们所说的那样，但毫不夸张地说，我在教育孩子这件事上，的确得到的快乐比烦恼多得多，这是我最引以自豪的地方。

对于教育孩子，我始终坚信，快乐的方法和快乐的家庭气氛比其他方法更有效，快乐也是孩子成长所必需的。

小斯宾塞喜欢上音乐是在那年夏天。我看准了时机开始对小斯宾塞进行音乐素质培养，于是让德赛娜去买了一架风琴回来。当风琴买回来的时候，我告诉小斯宾塞，这是一架具有魔力的风琴，只要你不断用脚踩踏板，同时用手按上面的黑白琴键，它就会唱歌，如果你懂得了由七个数字组成的魔法，它就会唱出美妙的歌来。果然，这一招对小斯宾塞很管用。风琴安好后，各种不成音律的声音时高时低地发出来，小斯宾塞迫不及待地坐上去，叮咚乱按了整整一个下午都没有从风琴上下来。

遗憾的是，好景不长，没过多久，德赛娜与小斯宾塞关于风琴的斗争开始了。德赛娜焦急的尖叫和指责声夹杂在不协调的风琴声中。这样过了一个月，德赛娜受不了了，她向我抱怨："小斯宾塞可能一点天分都没有，他学了上百遍也都学不会一支很简单的曲子，先生，我看还是不要让他学音乐了……"

"不要用你个人的观点去阻止和扼杀了孩子的天分。如果弹风琴变成了一件令你如此烦恼而痛苦的事情，那么孩子的音乐天赋就会因此中断的。"我对德赛娜说。

德赛娜说："那好，请先生自己体验一下吧。"

接下来，我们没有谈有关风琴的事。夜晚，我们坐在餐桌前，我对小斯宾塞说："亲爱的，我特别喜欢你弹的那首小曲子，叫什么来着？"

"是《林中仙子》吗？"小斯宾塞炫耀地抢着说。

"对，就是这支，能弹给我听听吗？"我笑着说。

小斯宾塞摇摇头说："我不会。"

我说："唉，真遗憾！要是我自己会弹就好了，哪怕一小节！"

小斯宾塞赶紧说："那我就试试吧！"说完他就坐上去，轻轻地弹起来。

出人意料的是——他弹得很流畅，轻重也恰到好处。美妙的旋律在晚风中飘荡。德赛娜吃惊地看着小斯宾塞……

孩子的智商总是受情绪的影响。当一个孩子处于不快乐的情绪中时，他的智力和潜能就会被降低。呵斥和指责对于孩子的教育只会有负面作用，并不能带来好的教育成果。我始终认为，教育应当是快乐的，这种快乐教育对于家长和孩子都是有好处的。

教育孩子的最终目的是让孩子成为一个幸福快乐的人，在采用教育的手段和方法时，我们也就应该以快乐为主，而不要急于求成。这就好像一根细小的芦管，你从这头输进去的如果是苦涩的汁水，在另一端流出的也绝不是甘甜的蜜汁。因此，我们在教育孩子时要注意我们的目的和手段要保持一致，这样才能实现我们最好的愿望。

我们知道，孩子在快乐的时候往往学习任何东西都比较容易成功，相反在情绪低落、精神紧张的状态下，孩子的自信会被削减，做什么事都缩手缩脚，甚至采取逃避和破坏的手段，这时是任何一个成功的教育家也无法用自己的教育方法教育出学习优异的孩子的。唯一的方法是让他们的情绪快乐、自信、专注起来，然后才开始学习。许多被认为没有天赋甚至天生比其他孩子迟钝的孩子，最后都经过学习而取得成功，这就是教育者采取了非常正确的方法。

自从那天晚上小斯宾塞给我们弹奏了《林中仙子》后，德赛娜再也没有像以前那样看待他了。在之后的日子里，请小斯宾塞弹奏一曲，成了我常常在下班后最喜欢做的事情。他弹奏的时候，我总是专注地听着，拍着手，踏着节奏，沉浸在他弹奏的欢快气氛里。这样，无疑是对他的最大奖赏。逐渐的，他的音乐潜能就这样被激发出来了，先是被邀请到教堂里面弹，后来自己试着写曲子，那一首《感恩节的礼物》还被印成了乐谱，很多乐团都在演奏。这最后的事实，说明了我的教育方法是成功的。

我做了一个总结，要想做一个快乐的教育者，应该做到以下几点：

（1）千万不要在孩子情绪低落或刚刚哭闹之后强迫他进行学习，这个时候孩子根本无法进入学习的状态，教育的效果很差。

（2）在平时自己情绪很糟时千万不要去教育孩子，因为这时的大人无法控制自己，很容易迁怒于孩子。

（3）家庭教育中，有一点很重要：要努力营造快乐、鼓励的气氛，让孩子有快乐感和成就感，满足孩子的内心需要。

（4）最后一点：做一个乐观、快乐的人。一个快乐的人，更多的是看到孩子的优点，而一个不快乐的人看到的则多是孩子的缺点。

我一直认为，除了极少数的孩子天生是神童或天才外，99%的孩子在天赋上没有太大的区别，都是可以教育好的。所不同的就是我们所采取的方法而已。

显而易见，做一个快乐的教育者并不是一件难事。

3. 定期制订一个循序渐进的家教计划

定期制订一个循序渐进的家教计划是快乐教育的有效手段。它可以让孩子随时知道自己的不足，并能自觉地进行改正。

"为什么我们都很尽心地去教育孩子，尽心竭力地去指导他们的学习，可是往往很难收到相应的成效，长期这样下去，我们都渐渐失去了耐心。"常常听到很多家长这么对我说。

产生这种想法一点都不奇怪，在现实中，很多人都会遇到这样的情况。

那么，有什么办法呢？其实，最好的方法就是把教育变成循序渐进的、快乐的事情，而不要急于求成。

我认为孩子的教育是一项长期持续的工作，和其他特别重要的工作一样，而这项工作的收获也是具有远观性的，所以，对于许多急切希望孩子有出息的家长来说，常常容易使人产生失望的感觉。

首先，把你要教给孩子的东西作一个分类，比如：

（1）健康营养

（2）生活习惯

（3）语言学习

（4）数学运算

然后，根据分类制订一个周计划，一周实施一点，长年累月，自然就会看见成效，这样父母自己也能从中体会到成就感，做有成就的事才会使人得到快乐。

斯宾塞在宽松的环境中成长，他一向表现得比较散漫，做事没有计划，喜欢丢三落四。很快就已经到了要上学的年龄，这个毛病不改，对于学习肯定是有不好的影响的。于是，我决定开始培养他做一个绅士的习惯。

首先从整理自己的衣柜开始。我们开展了一个家庭衣服自理比赛，看谁把自己的衣服洗得干净，晒晾得整齐，收拾得井然有序。这个方法要求简单，也非常符合孩子争强好胜的心理。

这次比赛开始一两天，小斯宾塞很有兴趣，但过了几天他就不太愿意做了。为了激起他的兴趣，我又在家里挂了一块小黑板，把我们的名字都写上去，这样小斯宾塞又有了劲头了。在他的名字下面只要有一点不好的，他就会马上改正，比如手巾脏了或者是鞋子发臭了。

这一招很有成效。很快3个月过去了，衣着干净整齐这一点，小斯宾塞渐渐由兴趣变成了每天生活的习惯，以后这一点就不再用我们操心了。在他和其他孩子玩耍的时候，无论多脏多乱，我也不会管，让他尽情享受这种快乐和自由。但一回到家里，或者出门做客，不管事情多么紧急，我则要求他衣着干净整齐，而且从不通融，要求他必须做到。

从此，小斯宾塞无论在教堂还是在其他场合，小手巾都是雪白雪白的。他的身体也在做这些日常家务事的时候得到充分的锻炼，肌肉也就更结实了。

没想到为小斯宾塞而设计的小黑板，后来在镇上流行了起来，几乎每个家庭都有这样一块，最后，随着快乐教育的流行，还在全国推广使用，效果也不错。

对于父母来说，需要定期制订一个循序渐进的家教计划，这样会使自己充分享受教育的快乐。

定期制订一个循序渐进的家教计划是快乐教育的有效手段。它可以让孩子随时知道自己的不足，并能自觉地进行改正。

第三章　父母如何进行快乐教育

对儿童来说，心智的成长和身体的成长是同等重要的，甚至心智的成长远远比身体的成长更重要。在孩子的成长过程中，心智和身体一样，营养的添加如果超过一定的量，就会起到相反的作用，不能够完全被吸收，这样的话，孩子们在应付完学校的考试或者满足了老师和家长的要求之后，很快就会从记忆中流失掉了，使得这些营养不能成为心智中有机的部分。并且，这种强制性的教育方法还会使孩子对学习知识产生厌恶感，从本能上产生抵触心理，最后对学习完全丧失兴趣。

因而，和小斯宾塞到河边的运动，我没有看成是一项无聊的活动，而是被我视作是对孩子进行快乐教育的一部分，是对智力教育的有效补充。这项与身体和情绪直接有关的活动，与知识的传授没有什么关系，但最后收到的效果却是神奇的。有时我因为忙于其他的工作，而不能和小斯宾塞一起到河边运动，他自己也会在学习一段时间后，跑到河边去。他在后来的一篇文章中回忆说："这就是我热爱生活，热爱德文特河，热爱家乡的主要原因。"

有一句名言"教育应该在厌倦之前结束"，对此，我完全赞同。我倡导快乐的教育，所以，教育也应该能让孩子得到身体上的快乐。因为对孩子来说，成长的过程本身更需要身体的运动、快乐的心智并且得到能量的补充。

1. 运动——让孩子健康、快乐

我希望父母和老师不要忽视这一点。孩子从胎儿起到青年时代，身体的成长和心智的成长同等重要，而且在婴儿、童年、少年时期，身体的发育和成长应该是主要的。

在镇上，我和小斯宾塞成为了别人茶余饭后的谈资，人们总是对我指指点点："看呀，天才的教育家又在训练他的小动物了。"

是的，我经常在教小斯宾塞一些知识后，带着小斯宾塞从镇上跑步到德文特河边，在那里先是大叫一阵子，然后用石块在河中打水漂，看谁打得多，或用泥沙堆城堡，看谁堆得快。我们在夹杂着苜蓿草气息和河水气味的岸边尽情地呼吸着，看着夕阳在对岸的小山坡落下，把金黄绛紫的余晖洒在丛林和教堂的尖顶上。这是让我们每天都感到快乐的活动。我不把这些简单的活动看作是无聊的消遣。因为我们在感受神秘的大自然带给我们的欢乐，这不是一件很美妙的事吗？

我认为虽然在这一时刻我没有在向小斯宾塞传授知识，但这确确实实也是快乐教育的一部分，而且他从中学到的知识并不比书本上和课堂上学到得少。我也常常在想，为什么镇上的其他父母不像我一样带着孩子到河岸边走走呢？这对孩子和父母都是件快乐的事情啊！

对儿童来说，心智的成长和身体的成长是同等重要的，甚至心智的成长比身体的成长更重要。在孩子的成长过程中，心智和身体一样，营养的添加如果超过一定的量就不能够完全被吸收，这样的话，他们在应付完学校的考试或者满足了老师和家长的要求之后，这些东西很快就会从记忆中流失掉了，使得这些营养不能成为心智中有机的部分。并且，这种强制性的教育方法还会使孩子对学习知识产生厌恶感，本能上产生抵触心理，从而对学习产生厌倦。

因而，和小斯宾塞到河边的运动，我视作是对孩子快乐教育的一部分。这项与身体和情绪直接有关的活动，与知识的传授完全无关，但效果却是神奇的。有时我因为忙于其他的工作，而不能和小斯宾塞一起到河边运动，他自己也会在学习一段时间后，跑到河边去。他在后来的一篇文章中回忆说："这就是我热爱生活，热爱德文特河，热爱家乡的主要原因。"

事实证明，每次在运动之后，小斯宾塞对学习的兴趣不但不会减少，反而会大大地提高，而兴趣又会促使他在学习上付出更大的努力，从而提高了学习成绩。传统教育中那种由于过度教育对孩子带来的身体上的伤害，幸好没有发生在小斯宾塞身上。不然，我收获的可能也是悲剧。

我希望父母和老师不要忽视这一点。孩子从胎儿起到青年时代，身体的成长和心智的成长同等重要，而且在婴儿、童年、少年时期，身体的发育和成长应该是主要的。

2. 兴趣——让孩子快乐地学习知识

兴趣和满足总会为孩子带来快乐。因此，我在教给小斯宾塞某方面的知识时，总是先让他产生兴趣，接下来再做教育工作，便会事半功倍。

任何生命都会对某些特定的对象表现出特别的兴趣。一旦他们产生兴趣，也就是教育的最佳时机。

而兴趣是什么呢，是一种特殊的热爱，是一种从内心产生的、没有任何压力的追寻，它像蜜蜂采蜜一样让人产生甜美的满足感。

3岁的孩子，可能会对一条鱼产生兴趣。那么围绕着这条鱼就有很多知识可学习。首先为什么它在水里不会沉下去，因为在它的身体内有一个"气球"。为什么它游动时会摆动身体，因为它在身体摆动时会推动周围的水，从而获得动力，等等。7岁的孩子很可能会对一本有插图的书产生兴趣，但是他的识字量又不足以用来阅读这本书。那么这时家长就应该把这本书里的故事大概地给他讲讲，然后让他自己阅读，遇到不认识的字可以教他查阅字典，即使他不能马上记住这些字，也肯定会留下很深的印象。

我就曾给小斯宾塞设计过"半本书"这样的教具，前面一半，我给他念，而后面一半，我只教给他一些词汇。我发现，因为好奇心驱使，他为了能知道后一半故事会主动去学习词汇，而且比他平时通过"词汇风铃"学习到的词汇记忆得更加牢固。

兴趣和满足总会为孩子带来快乐，而作为家长在教育孩子时，就应该注意挖掘孩子的兴趣。因此，我在教给小斯宾塞某方面的知识时，总是先让他产生兴趣，接下来再做教育工作，便会事半功倍。

3. 快乐——孩子学习的最佳状态

当然了，孩子的快乐大多是没有社会目的的、形式各样的。教育则是要引导孩子得到"有目标的快乐"。因此，对于教育者来说，应该首先让孩子们快乐起来，然后再给出可行的目标。

我曾经做过这样一个实验，我带着两组孩子来到德文特河边，并且告诉其中的一组孩子：当我发出口令你们要快点跑到教堂那里去，因为那里正在举行婚礼，先跑到的孩子可能会得到小糖果。而对另一组孩子：我只说你们要尽快跑到教堂那里去，越快越好，否则谁落后我就会惩罚谁。随着我的一声口令，两组孩子都飞快地奔跑起来了。结果知道教堂在举行婚礼的孩子先跑到了，并且到了教堂以后，他们还很兴奋。要知道从河边到教堂的距离并不是很短。而另一组孩子，有的掉队了，有的跑了一半干脆就停下来了，甚至还要求别的孩子也不要跑。出于法不责众的心理，停下来的孩子一多，孩子们就都不怕被惩罚了。

通过这个实验我得出了一个结论，被激励的一组孩子在开始跑的时候，就把"跑到教堂"这件事当成了一件快乐的事，因为目标明确，所以跑起来就轻松得多；而另一组孩子则把"跑到教堂"这件事当成了一项被动地去执行的命令，因而尽管有被惩罚的威胁，但作用还是不大。

这个实验也是我的一条教育原理的依据之一。

随着小斯宾塞慢慢地长大，到我家里来请教教育方法的邻居和朋友越来越多，几乎所有的问题都聚集到一点：如何教育孩子？

经过数年对教育和心理学的大量研究，我认为要想让孩子的学习取得成效，就应该让他们在快乐的状态下学习。学校的校长和老师或许对此不以为然。"难道家长把孩子送到学校，就是让他们享乐的吗？""与其这样还不如让孩子自己玩更有趣，那样他们才是最快乐的。"

当然了，孩子的快乐大多是没有什么社会目的的，而且形式也是不同的，而教育的目的则是要引导孩子得到"有目标的快乐"。因此，对于教育者来说，让孩子们快乐起来才是第一要素，然后再给出可行的目标。这样，让孩子快乐就不会只限于为玩而玩的境地了。

令人遗憾的是，持这种观点的人，尽管也在教育孩子，但是他们很少对孩子的心理需求进行研究。他们在自己沿袭已久的教育陈规陋习中机械地教育着孩子。尽管有时他们像一座凶狠的巨人石像般严厉，有时他们大声训斥孩子的声音甚至整条大街都能听得到，殊不知他们的教育却往往收不到任何效果，有时还会起到坏的作用。因为这样的教育是与孩子的心愿背道而驰的。

这也进一步证明了孩子在什么样的状态下学习会更有效果。

4. 不快乐的教育是孩子不快乐的根源

几乎所有成功的孩子，他们的教育中都会很幸运地遇到好的引导者，有的是他们的父母，有的是他们的老师，有的是他们的朋友，有的可能只是大自然的恩赐。

俄国著名作家托尔斯泰的《战争与和平》一书中开头的一句话就是"幸福的家庭是相似的，而不幸的家庭则各有各的不幸。"我认为这句话同样可以用在孩子的教育上——"成功的孩子都是相似的，而失败的孩子却各有各的原因。"如果能找到教育失败的原因，再对症下药，那么，效果就会好得多。

由"快乐教育"所引发的争论在英国各界成了一件大事。普通民众、教育界人士、宗教界等都开始进行讨论，每个人都在说出自己的想法和教育经验，评论得失。这篇文章发表在《威斯敏斯特评论》上，刚开始我并没有想到会有如此大的反应。在我看来，用快乐方法来教育孩子是很正常的。我认为争论反而是件好事，因为大家争论的是关于如何教育好英国下一代的问题。这篇文章争论的主要内容是父母和老师是否应该惩罚孩子，或是在什么时候用什么样的办法来进行惩罚教育。撇开那些学术问题，我们来看看那些不快乐的因素是怎样扼杀孩子的禀赋的吧！

3个月前，受到我在教育上的一点点成就影响的镇上公立学校的校长，把3个孩子带到我家，向我请教教育问题。3个孩子都只有10岁左右，一个叫劳伦斯，一个叫杰克，还有一个是小汤姆。校长说，无论如何请我帮忙，因为他们在学校的成绩简直是差到了极点了。他们像3匹小马驹一样顽劣，他把他们3次遣送回家，他们的父母又都给送了回来，说是实在找不到学校肯接收他们了。

我看了看这3个孩子，他们都很普通，看不出有什么特别的——特别讨厌或者特别可爱的地方。我答应了校长指导指导他们，并告诉他，明天我会去学校接他们。

这是一个小伎俩。因为我担心小斯宾塞会受到影响。我认为和顽劣的孩子在一起，好孩子总是容易染上坏孩子的不良行为和坏习惯，于是，我决定先把小斯宾塞送到我父亲那里，再去把这3个孩子接过来，这样，即使我的教育方法失败了，也不会影响到小斯宾塞了。

第二天，3个孩子来到我家里，不知道是因为我在教育上的一点小小的光环效应的影响，还是因为第一次到一个有教养的人家里的原因，他们都显得很有规矩，似乎还有一点胆小，不像校长所说的那样顽劣不堪，但我还是对他们的顽劣做好了充分的心理准备。

我很迫切地想要了解他们，比他们想要了解我更迫切。我很平等地对待他们，不像医生给病人治病那样去看待他们。我对他们说："孩子们，我很欢迎你们的到来。从今天起一直到暑假结束，我们就是一家人了，你们都是家里的成员。我们要一起劳动，一起玩耍，一起学习。今天晚上，我们会在屋后的花园里举行一个小小的欢迎仪式。但是前提是我们白天要一起到镇上的木器厂去工作，挣来工钱。"木器厂是我常常去为小斯宾塞做教具的地方，和那里的工人很熟悉。所以，我能很熟练地利用这个场景来进行施教。因此，我决定带他们到那儿去，3个孩子听了后高兴极了。当我们到木器厂时，工人们都说，斯宾塞先生又收了3个小徒弟。他们听到这话也不纠正，反而更加高兴。

晚上我们用在工厂赚来的钱买了些糕点，在花园里庆祝。一天劳动下来，3个孩子虽然身体上有些疲倦，但兴致却极高。之后，我们玩起了真心话大冒险的纸牌游戏。

从3个孩子的讲述中，我逐渐明白是什么让他们这样厌恶学习了。

劳伦斯是这样叙述的：学校就像一个恐怖的碉堡，老师们总是用无情的话语讥讽我，"你难道将来愿意像你父母一样在街上做低贱的扫地工作吗？"壮实得像头牛一样的农场主卡尔的儿子经常追着打我，老师却很少主持公道，反而斥责我破坏纪律。每天早上我一醒来，一想到学校就害怕，我不愿去那个地方……

小汤姆是这样叙述的：其实我以前的成绩还是可以的，但自从妹妹出生后，妈妈就不喜欢我了，总是对我唠唠叨叨的，有时一点小事她都会严厉地斥责我。我只想好好地气气她，就无心学习了。

杰克的叙述让人有些心酸，他说：我很厌恶我自己，同时我也很羡慕成绩好的同学，但我总是管不住我自己。我每一次祈祷时就想发笑，因为我心里想说的是：上帝啊，请赐给我一个又大又有很多蛋的鸟巢让我捣鼓。我一点儿都听不进去老师讲的数学知识，因为心早已飞到河对岸的森林里去了。每次老师让我父母来学校时，我都恨不得把自己的手给砍下来，它们为什么不听我的指挥；还有我的大脑，为什么会去想一些无用的东西。但有时候我又在想，要是我也能像小斯宾塞就好了。但是我一说出这样的话，我父亲就会狠狠地说，做你的白日梦去吧！

孩子们的秘密在我面前轰然打开。劳伦斯处在老师不公正的待遇中，这种阴影让他丧失了自信心，他怎么会喜欢学习和有求知欲呢？他还没有长大，还没有像成人一样具备对待不公正时的忍耐心，他也没有学会像成人一样用其他方法来保护自己的自尊心。学校并不会因为一个建筑被命名为学校而变得圣洁起来。一个出入垃圾堆的孩子，你想要求他保持衣着整洁，这可能吗？

小汤姆的行为则源于母亲对他的忽略而产生的情绪反叛。

杰克则完全是出于孩子向往自然的天性。

这些孩子的个性都不被家长所理解，恶习也没有得到纠正，却被要求做一个圣徒般的乖孩子，这可能吗？

我充分肯定了他们每个人的愿望的合理性，然后围绕如何去除他们心中不快乐的阴影而设计出不同的训练课程。我把消除孩子们心中不快乐的因素作为首要任务，不然，要实施快乐教育是不可能的。甚至，这种不快乐几乎会毁掉 3 个孩子的天性。

我给劳伦斯谈得最多的是弱小者应如何通过特殊的而别人没有的境遇来发现真理，从而具有完美的品性，成为一个强者。这样，小劳伦斯内心的耻辱感消失了，还激起了他的使命感。

我知道，我无法改变社会的不公平现象，但我可以造就一个热爱公正的人。后来，劳伦斯发奋学习，成了英国著名的律师。

对于小汤姆，我让他同情他的母亲，因为她没有受过多少教育，但她有一种执着的愿望，希望自己的孩子成材。小汤姆后来成了一个受人尊敬的牧师。

而小杰克，在这个夏天，我教给他研究动物的方法，许多年之后，他成了一个鸟类学的专家。

从上面的故事可以看出，即使原本是一个天才，如果施教不当，也有可能被不快乐所扼杀啊！

几乎所有成功的孩子，在他们的教育中都会很幸运地遇到好的引导者，有的是他们的父母，有的是他们的老师，有的是他们的朋友，有的可能只是大自然的恩赐。

而所谓"失败"的孩子，则一般是由于各种各样的不快乐所导致的。这些人我做了一个分类，大致有以下几类：

1. 完全不懂教育、不懂儿童心理的父母。

2. 严厉刻薄，没有爱心的老师。

3. 没有带来快乐的环境和朋友。

对于明智的父母来说，当他们发现孩子在求知过程中的习惯上和心理上有问题时，首先要做的不是判断他的能力，而是像一个医生寻找病因一样，去发现这些不快乐的根源。有经历的人们一定知道，噩梦不管有多可怕，一旦说出来，就会好得多。

镇上的费舍尔神父经常到少年监狱去，他曾伤感地告诉我，他发现了一件令人痛心的事情：凡是受鞭笞总次数越多的孩子，进少年监狱的次数也就越多。

一天下午，我和费舍尔神父在德文特河边谈到这些问题时，我发现，仿佛早已平静地领悟了上帝旨意的费舍尔先生，眼睛湿润了。

"我有时真的有些怀疑，上天还能帮助我们些什么？他要拯救我们成人的心灵，但社会和现实的诱惑以及我们人类本性的欲望又是那样的强大；他赐给我们孩子，可孩子在肉体上又是那样的弱小。斯宾塞先生，您能告诉我吗？"

"教育！只有每一个父母和成年人都像他们学习商业、种植、饲养时一样地学习教育的方法，社会才能不断地增强理智和文明的力量。"我这样回答道。

5. 友好和鼓励——让孩子快乐十足地去学习

我回答她说，对待孩子，该管的一定要管，但是要分清哪些是道德问题，哪些仅仅是知识技能的传授问题。我认为只有道德过失才需要惩罚、命令、禁止，除此之外，其他的则仅仅是方法和效果问题。

世界上没有一个孩子一生下来就会反感、甚至厌恶自己的父母，但长大后就不一定了。有的孩子甚至与父母反目成仇，更有甚者，还会做出杀母弑父的恶行。那这究竟是父母的责任呢，还是孩子的责任？一个长期得不到友好的鼓励和正确的教育的孩子，会在心里产生厌恶和憎恨。"野蛮产生野蛮，仁爱产生仁爱"，这就是真理。

一个孩子，如果他面对的是一位严厉的、总是苛责他的老师，即便你是他的父母，即使你真的在内心很爱他，对于他来说，也是一种折磨。久而久之，他对你所说的和所要求的也会厌烦甚至产生逆反的心理。我常常听到这样的抱怨："我爱他，但我又时常恨铁不成钢""我真的受不了，他学什么都这么慢，又不专心"，如此等等。可能很多父母都花了太多的心血在孩子身上，但孩子却没有任何改变，有时还会走向期望的反面，这是为什么呢？

从生物学的角度来说，孩子跟其他动物一样，对于恶劣的、否定性的环境有着天然的反感。这种反感的情绪尽管会因为害怕而会有所克制，但还是会影响孩子们去接受知识。在这种状态下，他所获得的知识相较于他所学到的传授知识者的坏习惯，后者反而更多，也就是我们说的适得其反。

相反，如果是在一种友好、亲昵和鼓励的环境中学习，不但可以提升孩子对父母、老师的信任感，而且可以使学习的效果更加显著。相信大多数人都会有这样的体验，在同一个班级里，成绩好的同学总会受到老师的宠爱和关注，而这种宠爱又促使这几个同学更加努力学习，使得他们的学习成绩更好。究竟是成绩好而受到宠爱，还是因为受到宠爱而成绩好呢？相信老师和学生都不是很清楚。但大多数的孩子却不会有如此的幸运，而这种不幸运就酿成了教育上的失败悲剧。

如果用成人的世界去看待孩子的世界，你就会明白。比如在工作上，出现错误或者进展缓慢是在所难免的，如果你的主管总是很严苛地指责你："天啊，你怎么这么慢！""为什么你又迟到了！"你的反应会如何呢？首先是反感，然后厌恶，甚至会憎恨，自然在工作中也不会有什么好的表现了。相反，如果他总是在恰当的时候冲你笑一笑，拍拍你的肩膀，鼓励你一下，你反而会做得更好。所以，让一个人做好工作，有时不需要什么复杂的管理。

其实孩子的处境与成人是一样的。爱，人人共有，但爱和有目的的教育则需要一些耐心和技巧，有时甚至是令人发笑的机智或是或多或少会有些令人不快的克制。

在我对小斯宾塞的教育过程中，我认为友好、鼓励是快乐教育的最佳方法。

"难道孩子犯了严重的错误也要友好、鼓励吗？"这是劳尔太太在我一次关于"友好、鼓励"的演讲中提出的问题。我回答她说，对待孩子，该管的一定要管，但是要分清哪些是道德问题，哪些仅仅是知识技能的传授问题。我认为只有道德过失才需要惩罚、命令、禁止，除此之外，其他的则仅仅是方法和效果问题。我也同样反对劳尔太太在家庭教育中经常大呼小叫、小题大做的做法。尽管劳尔太太总是说：我要对他的一生负责，我不愿意成为一个没有尽到责任的母亲。但事实上，她这样做，可能真的把小劳尔害苦了。小劳尔虽然不像其他的一些孩子那样讨厌自己的母亲，但这是以渐渐地丧失自己的信心和过早地学会忍耐为代价的。这样下去，对孩子就是一种伤害。

最后，劳尔把孩子送到了我家里，我用友好、鼓励的方式治愈了他内心的伤痛，与此同时，他的知识技能也大有提高。多年以后，小劳尔也成为一个优秀的植物学专家。他的成长，完全出乎他母亲的意料。当然，这种意料之外的成就只会让家长高兴。

6. 爱心——抚慰孩子受伤时的心灵

没有爱心会深深地伤害了孩子的感情和自信心。对于每个活生生的人来说，谁在生活中没有过挫折和失败呢，成人对这一点体会更深，他们可以寻求安慰，但却很少对孩子有这样的爱心。

爱心是上天赐给每一个人最宝贵的品质。爱心可以让我们去了解孩子，认识孩子，这样才能在教育者和被教育者之间建立起真正的信任。更重要的是，同情心是孩子在受到精神和肉体上的伤害时的一道神奇的阳光。

当我有一次与朋友交谈孩子的教育问题时，他十分诧异地反问我："父母难道会对自己的孩子没有爱心吗？"

是的，很多父母对孩子缺乏足够的爱心，原因仅仅是："因为他是我的孩子"。这个"我的"既包含着不容置疑的意思，也包含着因为是"我的"，所以用不着去寻求孩子意愿的意思，认为自己所做的就一定是对孩子好。

如果一个同事的头不小心被撞了一条口子，人们会说，这是怎么回事，一定很疼，快去包扎。

但当问题出现在自己孩子身上时，比如孩子在踢足球或者做其他事时脚受了伤，父母却没有这般好心，没准会首先大声地训斥一番。有的父母会赶快送去医治，有的父母则会把这看作是对孩子"犯错误"的惩罚："谁让你去踢球的，还这么不小心。"

当一个同事工作出了差错，受到主管训斥，工资被扣，职位被降时，一般人会安慰他："没关系，下次注意点就好了。"可如果孩子从学校拿回来的考试成绩很差或者没有达到父母的期望的话，那么不一定能得到父母的安慰了，他可能得到的是一阵怒骂或一顿暴打。

这究竟是怎么一回事呢？是不是父母真的对孩子缺乏爱心呢？

是的，确实如此。

没有爱心会深深地伤害了孩子的感情和自信心。对于每个活生生的人来说，谁在生活中没有过挫折和失败呢，成人对这一点体会更深，他们可以寻求安慰，但却很少对孩子有这样的爱心。

对孩子要有爱心，这是我从小斯宾塞以及镇上邻居的孩子身上体会很深的一个重要的教育原则。爱心是孩子在受到精神和肉体上的伤害时能给予他们最大帮助的一只温暖的大手，让他们得以振作起来。

所有的孩子，相对于他们所面对的成人世界和自然世界来说，他们的力量都是弱小的，但每一个孩子从肉体到精神上都充满了新生的希望。

这里需要特别提到的是，经过我长期的研究发现，孩子越小，心理的自我调节能力就表现得越差：0～3岁的孩子几乎没有自我调节能力，3～7岁的孩子有很少的心理自我调节能力，7～12岁的孩子虽然明显有了但一般也较少。在这些阶段，环境显得特别重要，就好像是做陶瓷的陶坯，如果长期处于一种不快乐的畸形状态，孩子的阶段性心理会成为他（她）以后性格的原型。与母亲在身体和感情上交流时间很少的孩子，在和女性接触时，会有种强烈的羞怯感，或者对女性缺乏正确的判断，严重的话还会产生对女性报复的变态心理。而那些经常受到父亲毒打、呵斥、教训的孩子会形成一种强烈的反叛性格，对社会不满，与社会不合作，对合理的规则也会有天然的反感，根本无法融入到团队中去，最后成为孤僻的个体而一事无成。

看一看自然界的例子吧，幼鸟总是因为身体的弱小和感知能力的不完全而被其父母照顾着。人类也应该如此。所以，家长不应该认为对孩子付出爱心是不必要的，更不要忽视孩子对爱的渴望。

我认为应当时常用足够的爱心去理解孩子在各种境遇中的不快乐。帮助他解决使他不快乐的原因，让孩子每天开心快乐，那么就会事倍功半。

7. 家庭是孩子快乐力量的加油站

在我看来，家庭是否能够给予孩子力量，取决于成员之间的感情和思想联系的密切程度与否。因为不管孩子在外面遇到什么，在他们幼小的心灵当中，家庭都是他的避风港，都是他坚强的后盾。

不是每个人都能完全改变孩子的一生，虽然父母已经意识到这种不快乐的经历会对孩子产生不良的影响，而且多数父母都是可以改变自己的家庭氛围的，但是，现实中我们看到的是有的家庭总能够帮助孩子应对各种问题，有的不但不能，反而会因此埋怨孩子，对孩子造成了更大的伤害。

在我看来，家庭是否能够给予孩子力量，取决于成员之间的感情和思想联系的密切程度与否。因为不管孩子在外面遇到什么，在他们幼小的心灵当中，家庭都是他的避风港，都是他坚强的后盾。

我在一次家长座谈会上，给热切希望得到帮助的父母提出了六个建议：

（1）互相认识可以使孩子获得心灵的力量。

人们也许会这样问："我们是一家人，难道彼此还需要认识吗？"这个问题看起来很幼稚，但实际情况却远比我们想象的要糟。作为家长，可以想想看，自己曾有几次和家人坐下来谈你的理想、目标呢？你又有几次向孩子们询问：你担忧什么？你信任什么？你快乐和痛苦的事是什么？我们可能熟知的只是对方的名字、长相和性格。做父母的常常只注意现实的家庭琐事或家庭开支这样的事情，而没有时间和兴趣去探知自己和孩子的感情以及孩子的兴趣。不要担心这样做会浪费时间，相反，大量去做与这些无关的事，才是真正的浪费时间。每一个家长要明白，认识不是仅仅指知道对方是谁？而是要了解对方的动态，知道对方的喜怒哀乐。

（2）适当地让孩子为家庭分忧。

通常很多父母怕孩子被吓住，当遇到疾病、经济紧张、亲人死亡的事，常常不告诉他们。其实，大可不必这样做，只要你在讲述时不去过分夸大，而且表现得积极，孩子自然不会被吓住的。如果完全对他们隐瞒，当他们发现家庭的变化和以往不一样时，大多会把事情想得更糟，甚至会产生被抛弃和不被重视的感觉。所以，与其让孩子胡思乱想，还不如直接地告诉孩子家里发生了什么事情，需要他做出什么样的牺牲和尽什么样的义务。这样，可以让孩子尽快地成长起来。

比如有兄弟姐妹病了，或者父母及祖父病重，应该让孩子知道，并让他参与照顾病人，比如买药、送信，等等，这样才能在生活中培养他们遇事不惊的镇定和勇气。还比如，如果有财务困难而完全不告诉孩子，他们会猜想到可能没有饭吃或没有地方住，而实际情况也许只是不再买一些奢侈品而已。

孩子也只有在这些事情中才能培养起生活所必需的勇气，才会觉得自己是家庭的非常重要的一员，甚至觉得能为家庭分忧是一种荣幸。这样，他们就能和家庭融为一体，自觉承担起自己该承担的责任。

（3）家庭共聚的时间是快乐而又神圣的。

有一次，我问小斯宾塞，在他记忆中最美好的生活片段是什么？他说：是每天晚上我们聚在餐桌前，一起祈祷、一起闲谈的时候。这时的小斯宾塞已以优异的成绩考上了剑桥大学。

"一家人吃饭时是争论还是谈话，是称赞还是训斥，是一个很好的测量计，它可以看出这个家庭是在疏远分离，还是越来越亲近。"这句古老的格言我希望出现在每个家庭的餐桌旁。

恰当的时候，可以鼓励孩子邀请他的朋友来家里做客，这样可以让父母认识孩子的朋友，也使孩子感到自己在家里受到尊重。要让孩子感到自己也能在家里做主。

即使是最忙碌的时候，每个星期也应至少有一两个晚上和孩子轻松地共餐，而这时不要数落孩子的不足。这不仅破坏气氛，也影响孩子的健康。家庭的温馨能带给孩子最美好的回忆，也是他们无比热爱家庭的原因。

（4）和孩子一起游戏体验和孩子共同合作的乐趣。

最简单的事情就是和孩子一起游戏，这是动物们也会常做的事，但并不是每个父母都愿意这么做，因为许多家长不愿意屈尊，总把自己和孩子之间隔着一条代沟。同时要记住，在玩游戏时，一定要公平，不能因为他们是孩子而轻视他们。

在任何群体里都是这样，当一个人提出一件大家都感兴趣的事时，会使所有人的都为之振奋。

我经常和小斯宾塞一起合作去做一件彼此都感兴趣的事，比如种植，比如把许多散乱的照片整理成家庭影集，或一起烤出一盘美味可口的小面包。

制作一张大餐桌，是我们合作过的最大的一件事。我们一起设计草图、选木料，经过多个星期的努力，当餐桌做成时，我们互相对望着，兴奋地呼叫。后来，这张餐桌成了我和小斯宾塞的纪念品。每当我看着它，就想起了那过去的快乐的日子。

和孩子们在一起游戏，意义重大。它不仅是亲情的表现，更能在游戏中让孩子学到很多有益的东西。许多事情，比如劳动，在平时让孩子去干，他们不一定愿意，但如果把劳动变成一种游戏，孩子参与的积极性就会提高很多。

（5）和孩子一起参加家庭户外活动。

我认为相对固定的家庭传统式活动，会让孩子对家庭产生一种温暖的归宿感，也能培养孩子从小就学会区别哪些是一般的事、哪些是重要的事、哪些是有特别意义的事。活动可以有：到教堂参加礼拜、春天出去远足、秋天登高、特别的生日晚会……

中国有句俗语：读万卷书不如行万里路。适当的户外活动可以把孩子从枯燥的读书活动中解放出来，让他们在户外运动中去发现问题，从而促使他们在学习中去找到解决问题的方法。

（6）和孩子回顾家庭往事。

最早我们从什么地方搬来，那时这里是什么样子的？我是如何开始写作的？爷爷是怎样白手起家创办学校的？这些事对于孩子来说，都是亲身经历的。它有时会比讲虚构的故事对孩子的吸引力还大，同时这会让孩子体会到亲密、体贴的感觉。对家的理解有更深刻的印象，自然，也会让他们更热爱家庭。

我曾经在家族里编写了一份家族通讯录，要求每个人都加一点自己的信息上去。同时，我也希望每个孩子都能够参与，并以一种新的视角来看待家庭和生活。

家庭是联系家庭成员的纽带，经常和孩子一起回忆家庭往事，可以让亲情更加浓郁，使孩子加深对家庭的感情。

家庭是孩子快乐的加油站。想一想，其实快乐是一件很容易就达成的事情，秘诀就在于用心去体贴，而且要具备耐心，仅此而已。

第四章　快乐教育的金钥匙

对待孩子的教育，大多数家庭往往觉得太过复杂，许多父母不知道从何处入手。孩子在想什么？面临怎样的问题？对于成年人而言，孩子的内心世界就像一个藏满秘密的潘多拉盒子。在这个盒子里，杂乱无章地塞满动物、人物梦境、情绪。如果不经常打开来看看，说不定当你不经意打开时，也许会从里面跑出来一只老鼠，把你吓一大跳。

1. 最好的语言教具——词汇风铃

我还进一步发现，这些风铃还有一个作用，就是大大减少了我的辛劳，我只是在屋后的小花园里刨一刨木片，然后不断写上新东西，就完成了。就越来越觉得，父母对孩子的教育，在本质上与动物界的技能传递有相同之处。母猫把老鼠抛给小猫去撕咬，目的是想让小猫学会捕食的本领；老鹰让小鹰跟着在空中飞来飞去，一会儿滑翔，一会儿扇动翅膀，也是为了让小鹰能够适应天空，并捕捉猎物。

在我的家里挂满了风铃，但这和一般的风铃是有很大区别的，它不是那种随风而动、发出声响的风铃，而是由一些写满字母、词汇的小木片和几根小钢管构成。小斯宾塞的房间里、屋后的小花园里，甚至餐桌的上方都挂着这样的风铃。

这些风铃是小斯宾塞学习的教具，目的是帮助他学习。有了这种教具，小斯宾塞的学习过程就变得有趣了，他几乎是在玩耍的过程中学习了法语、拉丁语。对语言的学习，我一般只给他讲3遍，他记不住时，会再问我一下，我又会耐心地告诉他。这些风铃使得学习由单一的行为变成了互动行为，自然，乐趣也增加了不少。

开始的时候，这些小木片上的单词都与悬挂的地方有关，比如床、窗户、桌子、椅子和门，等等，仿佛就是标志牌，让小斯宾塞很快就熟记了这些单词。随着他慢慢长大和理解的加深，又换成了新的形式。比如一个风铃上挂的单词，可以衍生成一首儿歌，或者一句谚语。可过一段时间，他掌握了以后，就再更换一次。当小斯宾塞摆弄那些词汇卡时，风铃就会发出叮叮咚咚的声响。对于我来说，不管工作多累，只要回到家后听到这种声音，就仿佛在聆听一首动听的交响乐，我觉得舒心快乐极了。因为我知道，那是可爱的小斯宾塞在快乐地学习。

小斯宾塞是幸运的，我不但让他学习观察事物，也让他从幼儿时期起就学习语言。学习工具就是悬挂在我们家里的"词汇风铃"。后来当他每学习一门新的知识时，"词汇风铃"的内容也在改变，从单词悄悄演变成"历史风铃""地理风铃""化学风铃""物理风铃"，等等。这些风铃成了一本内容浩瀚的工具书，给他以启迪。

小孩子的兴趣是多变的，这和他们的年龄有关，有时，大人们希望孩子就像一只蜜蜂，能在一朵花上停留久一些，但却总不如愿。它却总是一会儿停在这里一会儿又停在那里，总是转移得很快，在空中闲逛的嗡嗡声让人心烦。但合格的父母要认识到这就是孩子的天性，孩子越小，他就越无法把注意力停留在一件事上，他们专注的时间也就越短。对于年轻的少年儿童来说，他对周围世界的看法是具有无穷的可能性的，他就是要在这种无穷的可能性中去发现属于他自己的小宇宙。不过，父母不要心急，对待这样的孩子总会有办法的。看小斯宾塞不是又飞回来了吗。

这是一种人为的教育环境。果然他围绕着这些风铃，一会儿飞走，一会儿又飞回来。渐渐地，阅读和回忆这些风铃上的内容，成了他的一种习惯。而不断地填充这些风铃的内容，也让他的心智在成熟。

我还进一步发现，这些风铃还有一个作用，就是大大减少了我的辛劳，我只是在屋后的小花园里刨一刨木片，然后不断地写上新东西，就完成了。就越来越觉得，父母对孩子的教育，在本质上与动物界的技能传递有相同之处。母猫把老鼠抛给小猫去撕咬，目的是想让小猫学会捕食的本领；老鹰让小鹰跟着在空中飞来飞去，一会儿滑翔，一会儿扇动翅膀，也是为了让小鹰能够适应天空，并捕捉猎物。

我后来知道，这种风铃在许多家庭被应用了起来，连爱丁堡大学校长的家里也有这种风铃。风铃的作用得到了多数人的认可。

2. 最妙的心灵教具——问题卡片

我同样想走进小斯宾塞的内心世界，因为这是我能实施教育的第一步。这 11 张卡片就是我走进他内心世界的工具。

家庭教具有很多很多，其中卡片是最常用、也是最容易制作的教具，我们可以将我们在家教中常问的十几个问题写在卡片上，通过卡片游戏和孩子进行互动，能起到很好的教育效果。

我们日常家教中常问的 11 个问题是：

（1）你会唱歌吗，给大家献上一首歌吧！

（2）你觉得自己做得最好的事情是什么？

（3）评价一个你周围熟悉的人。

（4）生日的时候，你最想得到的什么礼物？

（5）哪件事，你努力了，但成效不大？

（6）你最不快乐的事情是什么？

（7）给你最喜欢的人一个拥抱。

（8）你做过梦吗，说一说你做的一个梦。

（9）你对自己有什么不满意的？

（10）平时你最在意的事情是什么？

（11）今年你最希望得到什么？

对待孩子的教育，大多数家庭往往不知道从何处入手。孩子在想什么？面临怎样的问题？孩子的内心世界就像一个藏满秘密的潘多拉盒子。在这个盒子里，杂乱无章地塞满动物、人物梦境、情绪。如果不经常打开来看看，说不定当你不经意打开时，也许会从里面跑出来一只老鼠，把你吓一大跳。

我同样想走进小斯宾塞的内心世界，因为这是我能实施教育的第一步。这11张卡片就是我走进他内心世界的工具。

一天晚上，我们在家里玩我设计的这11张卡。我和小斯宾塞还有德赛娜轮流掷骰子，掷到哪个数，就取出哪张卡片，然后回答卡片上面的问题。

轮到小斯宾塞了，他抽到"你最不快乐的事情是什么？"他想了想说："我最不快乐的事，是常常在夜里梦见一个巨大的怪物，我不知道它是什么，但是我非常害怕，以致在白天我都经常会想到它。"

当抽到一个"评价一个你周围熟悉的人"时，小斯宾塞说："我讨厌凯勒太太，她总是在有很多人的场合讽刺我，说我是斯宾塞家的书呆子。"

当轮到我掷骰子时，我抽到了"今年你最希望得到什么？"我严肃地对小斯宾塞说："我最希望的是小斯宾塞能够懂得三件事：一是能够懂得快乐学习的秘密，二是能够懂得自我教育是人生中最有益的事情，三是要能得到身心的健康发展。"

尽管我知道小斯宾塞不能完全听得懂我说的话，因为他毕竟还是一个孩子，这些问题是他这个年龄还无法真正理解的问题。但我认为在孩提时代，父母郑重地阐述一点道理，和给他讲故事、玩游戏一样重要，他也许不会全懂，但他会受到感染，等到长大时，就会自己领悟的。我们并不需要急切地看到孩子身上会发生某种变化，我们只希望这种敲打能在他心里留下印记，当他在成长时，去慢慢发挥作用。

通过这个 11 张卡片的游戏，我也了解了他的一些内心秘密。对于他抽到的那两张卡片，我是这样向他解释的："亲爱的小斯宾塞，梦境是白天身体和意识的反映，你梦中的怪物一定是白天遇到过的使你恐惧的人或者事，那么你觉得是谁呢？"

小斯宾塞想了想说："是铜匠巴斯特的儿子，每次我路过时他都凶狠地瞪着我，还向我吐口水，我不敢和他说话，总是害怕地绕开。"我知道小斯宾塞梦里的怪物是怎么回事了。

我说："孩子，你从来没给我们说过这件事，现在好了，你一旦说出你心里害怕的事，就不会害怕了。其实，这个孩子也很可怜，他母亲得了一种奇怪的病，家里的钱都拿去给他母亲看病了，以致他已经 8 岁多了，还不能去上学。他内心害怕其他孩子瞧不起他，才装出凶恶的样子。我们周末去看看他，顺便也给他母亲送点药去，你说好吗？"小斯宾塞点了点头。

我又对小斯宾塞说："至于你对凯勒太太的评价，我认为没有错。她这样做是不对的。下次她再这样说你时，你就告诉她，恶言恶语一样是要得到惩罚的。"

晚上在睡觉之前，为了不让他再做噩梦，我把小斯宾塞的卧室清理了一番，把窗户打开一点，并给他换上了干净的床单。第二天，小斯宾塞告诉我，他梦里的怪物不见了，他昨晚睡得很香、很甜。

11 张卡片的游戏在我们家里经常都会做。除了我和小斯宾塞，有时还有一些邻居的小孩子参与。这样，更多的孩子就能相互敞开心扉了。而这种坦诚的交流，也让他们成为了朋友。

我没有想到，后来许多英国家庭都做这种 11 张卡片游戏。有的还在里面加进讲笑话、表演节目等，当然这样做显得更有趣一些。通过玩这种真心话大冒险的游戏，亲子和教育的功能都达到了。再后来，纸牌游戏还漂洋过海，连美国、瑞典、德国和法国的家庭也玩这个游戏。非常荣幸的是，后来人们把这个游戏命名为"斯宾塞纸牌"。当初不经意的制作的道具，如今成了风靡一时的教育游戏了。

3. 最天然的认知教具——植物种子

长期以来的教育误区，把教育仅仅看作应该在严肃的教室中的生活，而忽视了对孩子来说更有意义的自然教育和自助教育。而自然教育和自助教育在孩子身上最直接的反映恰恰就是快乐和有趣的。

小斯宾塞学习大自然是从"一把植物的种子"开始的。

一天，我告诉小斯宾塞："亲爱的，我要送给你一件非常有趣的礼物，但你必须猜一猜才能得到。"

"小人书？巧克力？曲奇？"小斯宾塞很好奇，想了想说。

"不，都不是。"我说，"这是一种白天和夜里都会发生变化的礼物，并且，随着时间的推移，这件礼物会成长为一些完全不同的东西来。"

小斯宾塞听我说完，迫不及待地拆开礼物，一看，原来只是一些形状和大小不同的植物种子。

我笑着说："别小看这些小颗粒啊，它们会在你的手中成长为让你不可思议的东西来，但是需要一点时间和耐心。"

接下来的一个下午，我和小斯宾塞在后花园忙开了。我们一起用小铁锹把土翻开，把里面的虫子清理干净，然后把这些种子分类撒进土里，左边是西红柿，右边是莴苣，中间一个小圆圈是青椒。种好以后，我又和小斯宾塞一起在上面盖上一层薄薄的土，然后在旁边竖了一块牌子——"小斯宾塞的植物园"。

时间一天一天过去了，小斯宾塞对于花园的关心，超过了我的预期。他经常到后花园去看是否有什么变化。但土里好像非常平静，什么变化也没有。几天之后，小斯宾塞有些等不及了，恨不得把土翻开来看看。我告诉他，这需要时间。你看钟表时针从早到晚，每小时当当地响一次，这是时间。从把这些种子种到地里，一直到有一天它们从地里冒出头来，这也是时间。孩子，变化是需要足够长的时间的，如果人为地去翻动它，反而会妨碍它生长。所以，你要做的就是等待、坚持，它们就一定会出现。

果然，有一天，当我回家时，小斯宾塞惊喜地对我大喊大叫："它们冒出头了，它们冒出头了!"我到后花园一看，果然那些种子冒出了嫩芽。

通过种植植物，小斯宾塞对于种子的发芽、生长过程全都很清楚了，这为他后来在植物学上获得的伟大成就奠定了一个很好的基础，没有这种经历，他很难说会对植物学有兴趣。有时，一个看似不起眼的举动，或许就能为孩子一生的发展指明方向。

开启孩子心智的一种重要方法就是让孩子早一点了解和学习事物，而不是等着孩子长大再去学习。人的心智一旦开启，就会留心发现周围的世界，探究其中的道理，并思考怎么与世界发生联系。

亲自动手学习一件事物胜读 10 本书，因为孩子有着亲身的体验，知识得来是经过他自己验证的，也更有说服力，所以这样更有利于培养孩子独立思考的能力。

一把种子开启了小斯宾塞的植物"研究"生涯，他后来自己查阅了很多这方面的资料，收集了一大本植物标本，还做了好几本自己做的图示说明的植物学图画笔记。

长期以来的教育误区，把教育仅仅看作应该在严肃教室中的工作，而忽视了对孩子来说更有意义的自然教育和自助教育。而自然教育和自助教育在孩子身上最直接的反映恰恰就是快乐的和有趣的。

幸运的是，小斯宾塞还学习到了另一些"事物"，他熟悉村庄河畔的每一处篱笆、每一片树林。春天，他会去寻找鸟巢，采摘野花；秋天，他会去采集蔷薇果和山楂果。可以说，大自然就是他最好的老师，教会了他许多课本上学不到的知识。他正是从这些活动中得到启发，培养兴趣，最后取得了成功。

4. 最有效的思维教具——小地图

在人类知识的技能学习中，一种是来自于继承，一种是发现和描述。孩子从小就具备这样两种才能，只要运用恰当的方法去帮助他开发就会收到意想不到的效果。词汇的功能是描述，地图的功能同样是描述，只是地图更有直观性，更符合孩子的思维特征，效果也最好。同时，让孩子玩画地图的游戏，还会增强孩子的空间感，并能培养孩子独立面对外部世界的心理素质。

不同的教具对于孩子的不同能力有很好的训练作用。

为了训练小斯宾塞的记忆能力、描述能力、抽象思维与形象思维结合的能力，我又制作了另一种教具——地图纸，我用一些比较厚的纸进行制作，之所以选这种纸，因为可以反复擦写，免得写满了就要换。我在上面列了一些基本格式要求，如名称、从某某地到某某地；有一些简单的符号，如什么代表小山坡、什么代表道路、什么代表河流。这也是最简单的图例要求。

开始，我只是问了问小斯宾塞一些简单的问题，比如从德比小镇到巴斯的路线怎么走。我说："你已经去过很多次了，对那里已经非常熟悉，最好给我画一张图，把要经过哪些地方，在哪里拐弯，向哪个方向走，告诉我就行了，我会非常感谢你的。"

小斯宾塞很乐意做这件事，他趴在桌子上画了半天。当我拿到这张地图时，简直惊呆了。一方面，如果按这张地图去某个地方的话，这是任何人都无法看懂的一张地图；另一方面，我又惊异于小斯宾塞的日常观察能力，哪里是教堂，哪里是河流，有谁站在桥头，哪里是卖杂货的，还有铁路在哪里，都标得清清楚楚，可以说，这已经完全超出了一个小孩子的观察能力。我收下了小斯宾塞画的地图，高兴地说："感谢你，我的宝贝！

这张地图很好看，但如果想要找到去某处的路线，我们还需要作一些修改。"于是，我告诉他怎么画方向，怎么用符号表示一些重要的标志。我让他知道，地图不能是自己一个人看懂就行了，而是要让所有的人都看懂，并能根据地图指示的方向行走。

从此，每带小斯宾塞去一个地方，我就会让他画一幅地图，在地图旁边，让他写上一些文字和有趣的事情来记录这次旅行。随着去的地方越来越多，小斯宾塞的地图也画得越来越好了，说明的文字简直都可以称之为一篇不错的文章。到小斯宾塞12岁时，他已积累了一大本厚厚的地图，而这些地图都是他自己画的。上面记录了很多事情：大自然的变化、镇上的修建工程、英雄模范个人的改变，等等。小斯宾塞通过这些小地图，记忆力、描述能力、观察能力都得到了很大的提高，还提高了他的写作能力。可以说，这地图就是一部故事书和地方日志。

在人类知识的技能学习中，一种是来自于继承，一种是发现和描述。孩子从小就具备这样两种才能，只要运用恰当的方法去帮助他开发就会收到意想不到的效果。词汇的功能是描述，地图的功能同样是描述，只是地图更有直观性，更符合孩子的思维特征，效果也最好。同时，让孩子玩画地图的游戏，还会增强孩子的空间感，并能培养孩子独立面对外部世界的心理素质。

从地图游戏中，还可以发现孩子天赋上的特点。有的孩子画得很形象、细节很清晰，这说明他的形象思维能力强些；有的孩子线路明确、方向感不错，这说明他的逻辑思维能力强些。不管怎样，这种小地图，成了我对小斯宾塞进行教育的教具之一，并且在他的学习过程中产生了明显效果。

5. 最简单的数学教具——数字跳房

只要细心观察，留意生活，我们会发现教育其实是一件很有乐趣的事情。有时我会感叹：人的教育，多像鸡妈妈对鸡宝宝的训练啊！

相对语言来说，小斯宾塞对数学反应要迟缓些，虽然对多数孩子都是如此，但这让我苦恼不已，为了让他学得更好，我不得不"发明"一些这方面的东西来训练他——"数字跳房子"就是这样产生的。

把1~9和0这10个数字写在9宫格里，我和小斯宾塞在这个跳房里玩游戏，第一阶段是从1到9的数字概念游戏，很简单，数到几就跳几步。不久，小斯宾塞对数字有了一个基本概念，知道如何比较大小了。接下来，是数的差、和、积、商的关系，也在跳房里玩，小斯宾塞玩了两个下午就学会了加减乘除。

最后是九九乘法表，这对以后的运算是必不可少的。小斯宾塞开始学时总也记不住，或者总会出错，毕竟，这对于小孩来说，有些长，不容易记住。我就在九宫格外面把得数写出来，画在一个圆圈里，小斯宾塞厌倦了，我们就停下来，玩点别的，来缓缓脑筋。然而过不了多久，他自己又会去玩，这样次数多了，这些九九乘法表就深深印在他的脑袋里了。

只要细心观察，留意生活，我们会发现教育其实是一件很有乐趣的事情。有时我会感叹：人的教育，多像鸡妈妈对鸡宝宝的训练啊！

随着小斯宾塞年龄的增大，这些在他童年玩和学的教具就没有了用武之地，于是他自己又去寻找新的教具，比如光学方面的凸透镜和凹透镜等。玩具增多，也让他对学习更有兴趣。我几乎从不为让他去学习而烦恼，这就是教具的功劳。

6. 实物教育，最好的教具

所以，无论什么人，都应该重视实物教育。不仅仅是在家里，课堂上也需要实物，还应该扩大到更大的范围，包括田野、树丛、矿山、海边的事物，时间也应该持续更长。在这里我们只需要遵照自然的指引去做。

在实物教育方面，我们进一步发现，不但婴儿期、低幼期需要实物教育，在稍大一些的孩子和青年中，也离不开它。

所以，无论什么人，都应该重视实物教育。不仅仅是在家里，课堂上也需要实物，还应该扩大到更大的范围，包括田野、树丛、矿山、海边的事物，时间也应该持续更长。在这里我们只需要遵照自然的指引去做。

有什么事比儿童采集新鲜花卉、观察新奇昆虫、收集石块贝壳时更愉快，更能让他们沉醉其中呢？如果你让一个植物学家把一群孩子带到田野，你一定会发现，孩子们不用动员，就会积极地帮他探寻植物，多么专注地看他研究，围着他问这问那。在熟悉了一些事物简单的特性后，应该引导他们注意并不复杂的事实：植物花瓣的颜色、数目、形状，茎、叶的形状，以及花的形状是辐射还是左右对称，叶的特点是对生还是互生，是有柄还是无柄，光滑还是有毛，锯齿状还是钝齿状……并让孩子说出或写下他所观察到的一切。这些东西如果单纯地放在课堂上对照书本进行讲授，孩子会觉得枯燥，而用实物进行教育，则容易引起他们的兴趣。

等到适当的年龄，就可以提供给他们一些工具，让他们把这方面的知识记录下来，把有趣的植物保存起来，这就是学习知识的有效途径，这个办法会使儿童获得最大的满足。如果多年坚持，不但可以使周末郊游变得更有意义，而且会成为孩子研究事物的入门课。

第五章　孩子的智力开发

让我们看看大自然中的树木吧，有的无花却能结果，有的繁花似锦却不结果。结果子的树可以提供水果，比如有的树结的是梨，有的树结的是苹果，还有的树结的是香蕉。而不结果子的树则可以成为栋梁之材，所以，大自然中的许多植物都是有用的，关键在于我们用什么方法去培育和利用它们的价值，而不是仅仅根据表象和自己的喜好去判断。

在与孩子们接触的过程中，孩子们对于他们想干的事、感兴趣的事、入迷的事，往往更容易接受，即便是遇到一些问题或困难，大人们不插手，他们自己也往往会想方设法去应对、去解决。

这说明孩子内在的力量在他们的成长过程中是十分巨大的，从某种意义上说，挖掘孩子内在的潜力，并使孩子内在的力量得到充分的发挥，往往会最大限度地避免孩子智力的浪费。

1. 开启孩子的智慧之门

我可以不假思索地告诉所有的父母和老师，没有笨孩子，只有简单粗暴、不懂得使用方法的父母和老师使每一个有前途的孩子失去了前途。每一个孩子都会对不同的事物产生不同的兴趣，每一种兴趣都对应孩子的某种潜能，如果能把它充分地表现出来，那就是特长。

我希望父母接受下面这些建议，可以利用孩子的兴趣通过引导的方式来开启和培养孩子的智力：

（1）不简单地因为自己认为"没用"而指责孩子，否定孩子的兴趣，特别是当孩子对某件事物表现出兴趣时，哪怕它是非常微不足道和看起来很可笑的。

（2）利用这种兴趣给他带来快乐，并努力去获得与这一兴趣相关的知识，对孩子进行帮助和启迪，把这种兴趣引入正轨。

（3）引导孩子通过查阅资料和请教别人的方式来获得知识。

（4）对文字、图画、书籍的使用训练的最好办法是记录，记录就是使知识存留下来，并加深记忆。

（5）对于还不具备文字记录能力的孩子，父母也要给他准备一个笔记本，把题目写下来，让他口述。

（6）尽量不要使用任务、作业等任务型的词，取而代之以"有乐趣的"开头。

许多父母尽管对孩子有强烈的教育和培养的意愿，但时常会指责孩子的一些兴趣"没有用"，仿佛自己就是具有裁决权的法官和未卜先知的神人。我很遗憾父母们会按照社会或学校既定的评价模式去规划自己孩子的未来，并企图把孩子的兴趣与这些模式联系起来，试图保留"有用"的兴趣，去除那些"没用"的，并在日常的学习中花力气去督促，仿佛这样就能规划好孩子的未来。实际上，很难用"有用"或"没用"去区分孩子的兴趣，因为社会的发展总是在若干年后出现新的要求，现在看起来不显眼的爱好，在未来或许就会是一种有前途的职业。所以，对孩子兴趣的培养，关键在于引导。只要引导得好，兴趣都能对孩子的心智发展产生好的影响。也就是说，每一种兴趣对孩子的求知来说，都是有价值的，都会在未来发生作用。聪明的父母不是干涉或者粗暴地阻止孩子的不起眼的爱好，而是会利用这些兴趣把孩子引向各类知识的殿堂，并培养出孩子强烈的求知欲，使之成为一种习惯。

　　一个在语言、空间数学逻辑或动觉等方面具有潜能的孩子，他也常在这些方面表现出兴趣。虽然这种兴趣往往会因为孩子好动和注意力容易分散等特点而不能持久，但这种与生俱来的兴趣是不会改变的，会在某一个时候唤醒孩子记忆中的意识。除非在这方面遇到来自父母、老师等外部环境极大的限制或厌恶，成为兴趣发展的阻力，并逼迫孩子放弃而转移到其他方面去。

　　几乎所有的孩子都会对小动物产生浓厚的兴趣。一只蚂蚁、一只小鸟、一群蜜蜂或者是一条小鱼都会吸引孩子很长时间的注意力，孩子会在没有任何督促和要求的情况下，宁愿花一个下午的时间去观察一群蚂蚁的搬家活动。他们兴致勃勃，全神贯注，即使汗水顺着脖子往下流，或者是太阳把后背晒脱了皮也不在乎，因为此时的表现就是兴趣的驱动，正是兴趣的激发让他们如此投入，驱使他们去发现其中的奥秘。但若是让他们花20分钟去背诵一段名篇或一首小诗，却是很困难的事情。这几乎是每个父母都经历过或是看到过的情景，这就是兴趣的力量所在。不管承认与否，兴趣决定了投入和将来的成就，而不是父母的意志。

　　但是即使让孩子花一两年时间这样去观察事物，对于孩子来说，也没有什么坏处。因为在这个过程中，他也增长了不少知识，学习了很多书本上学不到的东西，这时的关键就在于引导，引导他从中去获取新的知识、方法和好习惯，这是我们要非常清楚的。要知道依据兴趣而去学习，就好比用绳子穿起了一颗颗珍珠。小斯宾塞正是从"蚂蚁的课堂"开始了让他终身都受益匪浅的知识之旅的。

　　当我发现小斯宾塞开始在屋后的花园对蚂蚁产生兴趣时，我也加入了他的"兴趣小组"。第一天，仅仅是看，是玩，看它们怎样跑回去报信，带来更多的蚂蚁，怎样把一粒面包屑搬回家……在经过仔细的观察后，第二天我让他拟订了一份他关于蚂蚁的"研究"计划：

　　第一，在"自然笔记"里开设蚂蚁的分类，让他自己从外观上大致知道蚂蚁有多少种。

　　第二，从书本上更多地了解蚂蚁，并做笔记。

第三，蚂蚁的生理特点：吃什么？怎么走路？怎么工作？

第四，蚂蚁群的生存特点：蚂蚁群有没有王？怎样分工？怎样培育小蚂蚁？

有了目标后，小斯宾塞的兴趣更浓厚了。如果说刚开始他只是觉得好玩，那么现在他就会觉得有意义了。实际上，在这份计划里，不仅渗入了系统地获取知识的方法，还可以培养孩子集中注意力的习惯。毕竟，蚂蚁的体格太小，即使是他这样的小孩，如果不蹲下来仔细观察，也无法看清楚蚂蚁是如何工作和生活的。这项研究持续了将近一个夏天，可以说是极有收获的一个夏天。他因此而获得的有关蚂蚁的知识超出了我所掌握的。这在他这个年龄来说，应该是一个巨大的收获。

父母在孩子的兴趣上"所表现出来"的兴趣会使孩子得到肯定，而有目的的引导又会不知不觉地让孩子在学习到相关的知识的同时学习到获取相关知识的方法。需要注意的是，父母的目的性不能太强，过于功利就会束缚孩子的兴趣发展。因为渴望自由是人类的天性，一旦意识到这是一项任务、命令，孩子的兴趣就会大大降低。在孩子眼里，无拘无束是最大的追求，如果把它当成任务去完成，这种追求自然就不会持久。

现在看来，成人有目的和有意义的研究，也是始于兴趣，然后才是需要。

类似这样的事一件又一件"必然地"发生在小斯宾塞的身上，蚂蚁之后是鱼，鱼之后是鸟类，鸟类之后又是蜜蜂。自然界的无穷无尽，都在吸引着他。

我可以不假思索地告诉所有的父母和老师，没有笨孩子，只有简单粗暴、不懂得使用方法的父母和老师使每一个有前途的孩子失去了前途。每一个孩子都会对不同的事物产生不同的兴趣，每一种兴趣都对应孩子的某种潜能，如果能把它充分地表现出来，那就是特长。

2. 影响孩子的不利因素

在对孩子进行智力培养时，父母正确的做法是应经常流露出亲切和善意，这种亲切和善意的情感对于孩子的情绪有激励作用，使他乐于听从来自父母或老师的指导。只有在宽松、舒适的氛围中，心灵才能接受新的知识，才能容纳新的事物，并乐于去了解和学习。这就是我坚持这个观点的原因。

教育和培养孩子，我们应该了解以下几点：

（1）对智力发展没有益处的行为不仅仅是浪费时间，而且还会给孩子带来恐吓。

（2）适可而止的教育对于孩子的成长是有必要的。

（3）足够的快乐不可少，它能给孩子创造轻松的学习环境。

（4）许多孩子都在学习过程中或多或少地受过惩罚，殊不知比惩罚更有效的手段是爱和鼓励。

（5）暴力是需要远离孩子的教育方法，因为暴力所产生的负面影响就是影响孩子的智力发展。

当父母在教育孩子觉得无效时，他们的最后一招往往就是惩罚和暴力，在一些涉及道德、伦理的问题上，父母用这种方法来教育孩子，有时能起到一定的效果，所以，它并不是完全没有必要，有时似乎还是一种很有效的补充。在一些有成就的名人中，不乏许多是受到粗暴的对待后才发奋而取得成就的，但智力的教育则恰恰相反。我认为这是最不可取的，因为它完全没有什么效果，对智力培养起不到任何促进作用。

我几乎看到过上百个这样的例子，父母或老师"义正词严"地质问孩子："难道这么简单的问题你也不会吗？""要么记住它，要么今天一天都不要出去！""你怎么这么笨？""邻居家约翰可比你强多了！"父母的愤怒使空气颤抖，激烈的声音足以震耳欲聋，而孩子的表现呢？他们除了紧张地盯着地面，或木然地瞪着书本外，什么也不知道。在这种状况下，想让孩子有正确的反应，本身就是极不现实的。

每个父母的确对孩子都有管理支配的权利，但每个父母和老师在使用这种权利时，都应该慎重，而不应该把这种权利当作专制的工具，应该抱着让孩子智力健康发育的目的，而不应该成为恐吓孩子的稻草人，使孩子总是在恐惧的情绪中战栗。也许，这种办法可以使孩子变得易于管束，让调皮的孩子安静下来，但对孩子来说益处却微乎其微。就像你不可能在一张抖动的纸上画出什么漂亮的图案，同样，你也不可能在一个颤抖的心灵上留下什么有用的知识。因此，一旦孩子出现这种情绪，则应该停止学习，让他们的注意力转移，这其实是一种有益的休息。

在对孩子进行智力培养时，父母正确的做法是应经常流露出亲切和善意，这种亲切和善意的情感对于孩子的情绪有激励作用，使他乐于听从来自父母或老师的指导。只有在宽松、舒适的氛围中，心灵才能接受新的知识，才能容纳新的事物，并乐于去了解和学习。这就是我坚持这个观点的原因。

"拔苗助长"和"放任不管"都是对培养孩子智力有害的。比这两种方式更有害的则是惩罚和暴力。

父母或老师这样做的目的，无疑是希望通过训斥与惩罚能够使孩子集中注意力，把他们的心思固定在学习这一件事情上面，虽然出发点是为了孩子好，但结果却往往不尽如人意。愤怒的措辞或打击会使孩子内心产生恐惧，这种情绪会迅速蔓延，甚至很快占据他的整个身心，使他再也没有容纳别的东西的空间，以致头脑一片空白，对自己和别人所说的茫然不知所措。此时，他已丧失了对环境的洞察力，心里紊乱、慌张，在这种状态下，他怎么可能真正学习书本或别的知识呢？而学习成绩差又成为家长和教师继续运用这种方法的理由，由此进入了一个恶性的循环中。

其实，孩子在儿童时期的自然表现有漫不经心、粗心大意、见异思迁等，这会让许多家长感到不安。其实，这正是他们对选择的情绪的表达。有时他们会"有意"这样表现，但更多的是完全"无意"的。"有意"的行为表明他的反抗情绪，一般情况下，只要你说出他的情绪来源，他就会自动放弃这种情绪，毕竟从天性上，孩子依然是孩子，需要家长的帮助，他们无意，也并不希望长时间与成人对峙。对于"无意"的表现，应该温和地提醒，给他调整的时间，而不是通过语言暴力来迫使孩子就范。

我的一位朋友威克先生在哈佛大学任教，曾在与我的通信中回忆他父亲的教育时说："我父亲几乎总是训斥我、指责我，有时用皮带，有时用树枝。因此我在那个阶段几乎没有学到任何东西。但是有一次他冒着大雪，步行三十多公里只是为了给我买一本书，回来时已很晚了。那一次，父亲的行为给了我从未有过的学习动力，我开始认为自己应该有责任不让他失望。"有时候，可能我们自己都不知道一件小事所带来的震撼和改变，超出了我们自己的想象。

每个人都可以回想自己在儿童时代的类似经历。当你被训斥和惩罚时，你还会有心思学习知识吗？当然不会，你唯一注意的是父母的表情，观察情况是进一步恶化，还是有所缓和。只想着这件事快点过去，而不是改正这件事情。而这种想法对于成长却没有什么益处！

过度的训斥和惩罚，你会给孩子留下一个可怕的、令人不安的印象。就像一个危险信号一样，只要你一出现，孩子就会紧张，而紧张的情绪是无法让孩子的注意力集中在学习上的，所以，这样教育的任何目的也不可能达到。

3. 坚信孩子的智力

我也要告诉父母们，培养和教育孩子是一件造就他人的善行，也是为自己的将来在规划，对孩子有信心也就是对造物主有信心，而且所有的培养和教育的信念就是：让他（她）的潜能得以开发，让他（她）成为一个对他人有益而自己也快乐富足的人。这就是教育的目的，也是成功教育孩子的起点。

我要告诉所有的父母的是——坚信自己的孩子与别的孩子仅仅是智力特点不同而非智力水平有差距；坚定自己对孩子的信心，并根据实际情况把它变成可以实施的培训计划。只有具备这样的信念，才能教育好自己的孩子，让孩子发挥最大的特长。

我也要告诉父母们，培养和教育孩子是一件造就他人的善行，也是为自己的将来在规划，对孩子有信心也就是对造物主有信心，而且所有的培养和教育的信念就是：让他（她）的潜能得以开发，让他（她）成为一个对他人有益而自己也快乐富足的人。这就是教育的目的，也是成功教育孩子的起点。

其实和考试题目一样，"智商"也是人为的。智商最多只能证明一个孩子成绩的 35% ~ 40%，而一半以上的成绩是不能用"智商"来解释的，"智商"所能解释的东西是有限的，而孩子的发展潜能是不可限量的。事实已经证明，卓有成就的科学家所取得的成绩都超过了他们的智商标准，而许多所谓高智商的孩子后来表现平平。

如果有一天，老师告诉家长，这些孩子聪明一些，那些孩子稍差一些，其余少数的孩子更差一些，甚至是愚蠢的，家长会怎么想呢？有的相信，有的半信半疑。

如果又有一天，老师拿着智力测验表和几个学期的成绩单给家长，看吧，就是如此，这些孩子的智力测验在 80 分以上，而那些孩子在 60 分以上，其余一些在 40 分以下，他们几个学期的成绩单都大致如此，因为智商决定了他们的成绩。家长会怎么想？就凭这些成绩单家长就相信孩子的智力水平了，就应该欣欣鼓舞或者垂头丧气了？

难道上天真的把聪明给了一些孩子，而给另一些孩子的却是平庸的资质，甚至是愚蠢吗？

其实事实完全不是这样！

极端的事物都是少见的，除了极少数的智障儿和天才、神童外，绝大多数的孩子只存在智力倾向不同的区别，而在智力高低优劣上差别不大。即使是少数智力和身体有障碍的孩子，他们的状况也更多的是由于现实的条件和教育方式所导致的，和先天智商差异没有什么关系。现实中，每个人所表现出来的智力仅仅是一个人的潜能中的万分之一而已，并不起决定的作用，远远不能说明智商高低。比如一个地方不储藏石油，并不能说明这个地方没有储藏其他有价值的东西。如果人类不开采石油，一个地方有再多的石油也是没有价值的。

让我们看看大自然中的树木吧，有的无花却能结果，有的繁花似锦却不结果。结果子的树可以提供水果，比如有的树结的是梨，有的树结的是苹果，还有的树结的是香蕉。而不结果子的树则可以成为栋梁之材，但关键在于我们用什么方法去培育和利用它们的价值。最为奇妙的是，人是世界上最为神奇的"物种"，他的灵性和禀赋是与生俱来的，其所产生的作用应该远比其他物质要大得多。如果简单地用聪明或者迟钝这样的字眼去判断一个孩子，那么判断者一样是愚蠢的，同时，也会毁了孩子的一生。

最简单和最容易的事是依据所谓的智商测试把一个孩子判断为愚蠢，因为这样便可以不承担教育的责任。有的父母便把期望寄托在第二个、甚至第三个孩子身上，结果当然可想而知了。

对孩子的智力教育的方式很多，我建议你这样开始对孩子的智力教育：

（1）相信每个孩子的智力和天赋只有特征上的不同，而没有优劣高低之分，都可以体现出孩子的能力。

（2）相信父母在改变自己的同时也会改变孩子，能让一切变得更好，前提是付出努力。

（3）相信每个孩子所具有的潜质比已表现出来的巨大得多，关键在于你能不能挖掘到它们，并让它们朝着你预想的变化。

（4）相信生命的孕育和诞生是如此伟大而神奇的工作，它的"产品"不可能像一般事物那样简单，只要开发后，就能带来奇迹和惊喜。

（5）即使在教育上遇到了很大的困难，也应该继续坚持，只要不放弃就会有奇迹出现的。

（6）对所有否定孩子智力和潜能的看法，都不要相信，让教导者和被教导者都增加自信。

（7）只求耕耘，不问收获，不要让空想占据头脑和指挥自己的行动。制订一个短期的和长期的智力教育计划，并坚持实施，坚持就能见到效果。

（8）相信和其他的工作一样，培养和教育孩子是一个重要的事情，并且最后的成就是无可比拟的。

4. 绘画是智力开发的重要部分

绘画仅仅是一门专门的技术，难道也是儿童早期教育的一部分？这个问题经过多年的争论和教育实验已基本得到了答案。由于绘画完全是孩子自己想要做的事情，因而绘画是一个快乐的自我教育的过程，特别是在孩子的早期教育中，因此，绘画是智力教育的一部分。

绘画的兴趣对孩子来说，会持续很长时间，而且吸引力也最大，每个孩子都喜欢按自己的意愿去涂鸦，去表达他内心的想法。不管他将来是否会向这个方面发展，鼓励和培养这种兴趣对孩子都是有好处的。

随着年龄的增长，他还可以把这种才能进行拓展，用在自然笔记上，他会兴致勃勃地为自然笔记插图、装饰；他也可以用绘画来表达内心的情感和想法，或许这只有他自己才明白。如送给朋友或父母的生日贺卡（自制的），慰问病中的亲人；他也可以用绘画来讲故事；在家庭通讯上记事。每一次运用都会给他带来无穷的乐趣和满足感，也让他乐此不疲。

绘画仅仅是一门专门的技术，难道也是儿童早期教育的一部分？这个问题经过多年的争论和教育实验已基本得到了答案。由于绘画完全是孩子自己想要做的事情，因而绘画是一个快乐的自我教育的过程，特别是在孩子的早期教育中，因此，绘画是智力教育的一部分。

小孩子经常会主动地描绘周围的人物、房屋、树木、动物，所以，为了他们的这种兴趣和爱好，我们应该主动为他们准备纸和笔。而孩子的天性是不会受到限制的，没有的话他们自己也会找到绘画工具，毫不起眼的小石块还有沙滩，等等，都是他们作画的工具。对于作画的热爱，会使他们努力地把自己看见的事物描绘出来。这仿佛是向父母和老师发出的信号，希望父母能帮助他们培养自己在这方面的兴趣和能力。这种强烈的好描摹的倾向，与人类早期在山洞岩石上绘画的热情一样，都是在表达自己内心无法言说的情感。

对于父母和老师来说，没有什么比孩子自愿学习一门技术更能让他们高兴的事了。然而，能否真正利用绘画去开启孩子的观察能力、描摹能力、色彩感知和空间感知能力，不仅仅是看着高兴和不干涉就能解决的，那就需要用恰当的方法了，有的人教了半天，孩子什么也学不到，这就是方法的问题了，其关键在于教授的方法和顺序是否能符合孩子的心智发展特点，而不是只出于自己的习惯和经验。而如果方法不恰当，就会像一个技巧很糟的木匠，即使拥有上好的材料，其设计也让人觉得是不堪入目的。不正确的教学方法甚至可能会断送一个有极高绘画天赋的孩子的前途。

一般来说，色彩在孩子的眼里是最迷人的，也是孩子绘画时最初最感兴趣的东西，要是让他给一些图案涂上色彩，对于他来说，就是最快乐的事情，而这时的轮廓也不过是为色彩帮忙而已。如果一开始就让孩子画一些繁复的轮廓，因为不理解，就会觉得力不从心，进而感到乏味导致放弃这一爱好。但是没有轮廓也无法达到画画的目的，这看起来是一对无法解决的矛盾。解决的办法就是可以先选择一些简单的轮廓，让孩子逐渐入门，然后再由简单到复杂。

在这个阶段，各种各样"描图"的方法，对于孩子的才能表现是没有什么作用的，和一开始就用直线、曲线等概念教育的方法一样都是有害无益的。前一种方法让孩子从小就失去了自己选择描摹对象的机会，后一种方法则让他们望而生畏。如果画画成为一种折磨，那么他们也就会失去这个爱好了。自然，也失去了开发智力的一种有效的方法了。

应该鼓励孩子努力用画笔去描绘一些有趣的事物，让他们能全心地投入，这也就可以使所描摹的东西逐渐有点像现实中的东西。开始画得不准确是很正常的，也不必叹息自己的孩子没有这方面的天赋，不能指望他们一步登天，但不论形状多么古怪，色彩多么刺眼，问题的关键是在这个过程中他运用了手、眼和思维，去进行了思考，而不是创作了一幅可以看的画。我们不只是快乐地培养了他们辨别颜色的能力，同时也使他们的手学会了控制和保持平稳。这才是我们教育的目的。

等到孩子能平稳地拿笔，有一些比例感觉后，就可以开始上"透视"课了，这听起来吓人，似乎过于专业了，其实每个孩子都喜欢也愿意去做，因为兴趣的种子已经种下了。从幼稚走向成熟，也是孩子在兴趣中的必由之路，自然，他们懂得了这个道理，就不会拒绝了。

把一块透明的玻璃垂直放在桌面上，摆在孩子面前，对面放上一本书或者一只杯子，让他透过玻璃看对面的物体，让自己的眼睛保持不动，然后用墨水在玻璃上按照物体的形状作点，再依照物体的轮廓把这些点连成线，使这些线覆盖物体的轮廓，让它们重合。最后把一张衬纸放在玻璃后面，让他比较玻璃上的画和后面的物体，他会惊喜地发现它们形状相似，从而激发更大的绘画欲望，这样，他们就不会感到枯燥和陌生，让我们高兴的奇迹就会慢慢产生。当我们的最后的心愿达成，我们就会发现，让孩子以绘画为职业，也不是那么难的事了。

绘画的兴趣有助于培养孩子仔细观察事物，并学习如何把事物描摹下来的方法。慢慢地，他就不再需要玻璃了，就能主动地去描摹那些他感兴趣的事物了。

第六章　开发潜能，快乐教育

作为父母和老师要及时发现孩子的特长，挖掘孩子的潜能。

现在，我们回过头再看一看自己的孩子，会发现这样一个事实：任何潜能表现都没有的孩子几乎不存在。因此，我要告诉父母们，上天并不是特殊照顾一些孩子，而抛弃另一些孩子，而是每一个生命都具有灵性和天生的禀赋，关键在于怎样去培养和开发。

如果让你描述一下自己孩子的优点，相信大部分父母并不一定能把自己孩子的优点像他熟知的记忆一样向你一吐为快，或许，有的家长还认为自己的孩子很平常，没有什么优点。这是一种有害的认识，因为了解孩子的优点是教育孩子的基础。

下面的列表是每个孩子都可以具备的基本能力的表现，根据下面的列表我们可以大概分析出孩子具有哪些方面的潜能和特长。

（1）他很会背诗词歌赋。

（2）他很善于观察别人的表情，并做出相应的反应。

（3）他常常问很多问题，比如"时间从什么时候开始""为什么行星不会撞到地球"这样的宇宙和哲学性的问题。他经常会问"打雷、闪电和下雨"等有关大自然现象的问题。

（4）他善于认路，认识标志，分清方位。

（5）他唱歌时音阶很准。他喜欢各种乐器，并能辨别它们的声音。

（6）他对文字的发音很准确，甚至有时会给你纠错。他很会讲故事。

（7）他很早就会系鞋带，骑车。

（8）他特别喜欢扮演某个角色或编造剧情。他擅长模仿各种身体动作及面部表情。

（9）他善于画地图并画得很准确，路线标得很清楚。

（10）他擅长把各种杂乱的东西分类。

在这些列表里，（6）代表孩子具有语言方面的天赋。具有这种才能的孩子，很小就是个兴致盎然的交谈者，很乐于和人交谈，并且很早就会讲故事。他能用独特的词句来表达自己，对于一些新词汇或长句子能在很短的时间学会，并且熟练地运用。

具有语言才能的孩子，父母应该多让他描述一些事物，如一件事、一个自然现象等，并经常给他提供这方面的书籍。这样系统地训练后，可以更好地让孩子的这种能力得到培养。

其中（5）表现的是音乐才能，这类孩子在很小的时候（2～3岁）就能很专心地倾听有规律的声音。只要有音乐出现，他就会瞪大眼睛专注地聆听，这时他所表现出来的专注程度，往往是那些七八岁的孩子都比不上的。这些都说明他在音乐方面有很大的潜能。因此，家长应该更多地让孩子和音乐相伴。

其中（2）（3）（4）代表孩子有数学逻辑方面的天赋。他喜爱玩跳棋和象棋，能很快明白一些逻辑关系。这种孩子，也许他上学后的数学成绩并不是很理想（这可能是由于他对讲述课程的语言方式不适应，或者注意力容易分散等引起的），但他在这方面的潜能是毋庸置疑的。家长应该注意观察，找到最适合和他最喜欢的方法进行训练，而不是一味地让孩子做习题。

其中（7）（8）表现的是在身体动觉方面的才能。运动员和舞蹈家都有这方面的天赋。对于这样的孩子，要保护他们运动的热情，而不是一味地当作病症去看待。

现在，我们回过头再看一看自己的孩子，会发现这样一个事实：任何潜能表现都没有的孩子几乎不存在，他们或多或少都有着让我们吃惊的能力。因此，我要告诉父母们，上天并不是特殊照顾一些孩子，而抛弃另一些孩子，而是让每一个生命都具有灵性和天生的禀赋，关键在于怎样去培养和开发。

这也不能说明孰优孰劣，关键在于他日后如何平衡地发展和发挥，这才是教育的关键。

同时，我还注意到另一个事实，一些原来在某些方面明显表现出潜能的孩子，后来却完全丧失了这方面的能力，成为普通人；而另一些表现得不太具备某项潜能的人却在这方面取得了很大的发展，获得了巨大的成功。可见后天的教育和自学对孩子的影响是何等的强烈。失败的教育带给我们的不仅仅是遗憾，而是毁掉了孩子的一生。

因此我对父母提出以下几条建议：

（1）随时留心观察自己的孩子，以了解他的潜能和特长，这是正确培养孩子的第一步。

（2）对于孩子表现出有潜能的方面，即使你不希望他选择这方面作为发展方向，也不要完全地限制他，至少他可以拥有这方面的爱好，这样，可以让他保持生活中的快乐。

（3）不否认每种潜能的价值，特别是不要用经济价值做判定，以价值做取向是愚蠢的，也是有害的。

（4）对他暂时不擅长的方面，也可以放入培养的行列，慢慢培养孩子对其的兴趣。

（5）对于孩子在语言方面、数学逻辑方面及对己对人认识方面的能力，应该当作基本能力加以开发、培养，这是其将来能否成才的基础。

（6）应该为孩子制订一份不同阶段的计划，并坚持实施下去，这将决定孩子的潜能是否能得到发展的关键所在，也是家长必须耗费心血的地方。

孩子的心智和植物的生长是一个道理，过度的灌溉也可能导致消化不良，不易吸收。在孩子的兴趣没有被激发起来时，如果提供的知识密度大，反倒不能与孩子的心智结合到一体。孩子在学习时，就会忘得快，记不住。从心理的角度发现，这样的结果会导致孩子对知识、书本产生了厌恶的心理。每每看到书本，就会恶心、头疼，怎么也看不进去，最后，孩子对书本的兴趣会慢慢消失，产生逆反心理。

其实在医学上认为：即使是弱智的儿童也拥有一个让家长值得期待的神秘的宝藏，那就是他们的天赋和才气。可惜的是这个宝藏被许多家长所忽视，从未被开采，一直处于休眠状态。如果一个孩子的潜能与天赋被及早地发现，那么他的未来远比我们想象得精彩，而家长通过发掘这些优势，也能让孩子本身得到更大的提高。

做任何事情都不如让我们尽力去满足孩子的兴趣更有趣。对于孩子们来说，只要实现这一点，哪怕是吃苦受累孩子们也心甘情愿地去做自己感兴趣的事情。孩子的兴趣就像是一棵还没有浇水的小树，需要我们去灌溉，才能茁壮成长。即使它不会生长得很快，也不会立即开花结果，但是它的根茎在家长精心的呵护下，肯定会发生微小的变化，也在慢慢地吸收着这些精华，即使不能成为参天大树，也会健康地成长。同样，开发孩子的潜能也是这样的道理。

1. 快乐的，就是有益的

在所发生的一切教育的变革中，最值得人们注意的是，知识的获得应该是一件快乐的事情，是应该让孩子乐于接受的东西，而不是苦刑，让孩子觉得是在受煎熬，甚至产生厌烦。

我们应该用是否使孩子愉快、兴奋来作为对所有教育培养效果的检验标准。尽管从理论上看，某种做法看起来似乎很好，能让孩子得到全面的发展，也符合家长的期望，但它如果不能引起孩子的兴趣，我们就应该果断地放弃它，而不是一味地盲目坚持，直到两败俱伤为止。

因为儿童的反应本身比成人的推理更可靠，在获取知识的能力这方面，正常情况下，健康的活动是愉快的和有效的，而引起痛苦的活动是不健康的，更多的是失败。所以，任何想当然的想法都是不可靠的，而直接观察孩子的情绪，起码可以让孩子能学到他感兴趣的东西。

在所发生的一切教育的变革中，最值得人们注意的是，知识的获得应该是一件快乐的事情，是应该让孩子乐于接受的东西，而不是苦刑，让孩子觉得是在受煎熬，甚至产生厌烦。

孩子在每个不同年龄段所喜欢的智慧活动，对于其成长，都是有益的；而不喜欢的智慧活动，对他没有什么益处，甚至是对他有害的。孩子喜欢学某种知识，就意味着他的心智已经能够接受和吸收它。反过来，孩子讨厌接受某种知识，就证明那种知识对他来说，还处于超前或教育的方法不适当，让他难于理解。我们努力使早期教育能让孩子在接受时感到愉快，使一切教育都有乐趣，让孩子易于接受。我们逐步认识到游戏的价值（当然过度游戏又会使孩子受到伤害）。我们的计划一天比一天更符合孩子们的天性。正如我的朋友——著名教育学家马谢尔先生所说："应该满足他喜欢变化的愿望，但要把满足和提高相结合，而不是一味地迎合。"他还说："在儿童表现出疲倦之前功课就应该停止。"这种思想不是偷懒和让孩子的学习简单化，而是快乐学习的真谛。

我认为，教育必须适合心智演化的过程。孩子的心智和自然界一样，在施教发展过程中，也是要经历由简单到复杂，由小到大，由少到多，由局部到整体，由具体到抽象的一个缓慢的发展过程。能力的自然发展有一定顺序，不能轻易地打断或者为了追求速度而超越，每个阶段的能力则需要分别供给不同的知识才符合发展现状。教育是有次序可言的，要按照孩子的心智发展历程施教，任何拔苗助长的教育方法都是不可取的。

比如孩子要经过许多年的学习和领悟，才能形成关于地球的准确概念：地球是一个有陆地和海洋的圆球，上面有山岭、森林、河流、城市，它不仅自己旋转，同时又绕着太阳公转。如果跨越这些中间的事物，只让孩子记住地球的概念，即使他记住了，他也理解不了，也会认为这个圆球跟自己一点关系也没有。这样的认知教育，尽管内容是正确的，但对孩子的心智发展却没有什么意义。对于家长而言，不要以为孩子懂得多就是一种进步，乐意学习和钻研，哪怕一年只弄懂一个知识点，也是可取的。

在自我教育方面，我认为，应该尽量鼓励孩子自我发展，应该引导孩子自己去进行探讨，自己去推论，而不应该由家长全部包办，给他讲的知识不要太多，而尽量去引导他们自己发现他们所感兴趣的知识。从人类获取知识的方式看，最主要的获取方式也不是什么神谕的教诲，而是自我教育。这种自我教育已经证明教育方式的正确性，也取得了最好的效果。孩子的知识获取与能力培养也应参照这一方式。这一点，在许多靠个人奋斗而成功的人身上已不断得到证实。

一些从学校练习中教育出来的人，总以为这种教育是最正确的，也只有在那种方式下才可能实现完美的教育，总觉得让儿童自己做自己的老师过于冒险和有瑕疵。其实这的确是一个误区。要相信孩子的自我教育的能力，并促成他能进行自我教育，要尽量培养他这方面的能力，而不是由教师来承担这一切。一个从来没有上过学的伦敦流浪儿，他在生存能力和面临各方面考验时所表现出来的智慧，可以说是有些成人都难以达到和想象的。同样，如果有一天你让孩子完全自由地表达他们对事物的看法，他们所表现出来的敏锐、正确也会使你吃惊。

2. 过度教育会对孩子产生不利

其实大自然对每一个人都是公平的，每个人都无法获得所有的资源和优势，如果他给你开启了一扇窗，那么他肯定会关闭你的另一扇窗。如果说你利用这份优势发展，那么最后你会得到你所期望的成就。但是如果你强求和过于贪心，那么你不但得不到你所期望的，应该得到的那一部分也会随之丢失。如果这样，岂不是赔了夫人又折兵。

我始终记得我那段美好的伦敦生活。

那是一个秋天，小斯宾塞从德比的来信告诉我说，他最怀念的就是我们在一起的幸福光阴。但又表露出一股忧愁。他在信中告诉我，现在镇上的学校所做的一切只是为了好的升学率。学校里的大孩子们都人心惶惶，天天在紧张和沉闷中生活。还有许多家长和老师对孩子的期望值过高，对孩子的学习逼得过分，导致孩子严重缺眠。原本美丽的学校里再也找不到孩子们张扬着快乐的笑脸，所见的都是压抑和沉闷，大家都不知道学习到底是为了什么？是为了知识的积累还是分数册上的分数。虽然每个人都在努力地学习，然而这样的压迫学习和过度紧张真的能取得他们所想象的成绩吗？

我一直都在思考着小斯宾塞提出的问题。终于，我决定离开伦敦再次回到以前那美好的德文特河畔，亲自去看看发生了什么事。

终于回到德比，我重新开始了与小斯宾塞的美好生活，然后继续考究"过度教育会对孩子产生不利"这样的课题。有时候公立学校会请我去和孩子们一起进行讨论，比较一下几种教育方法的优劣，虽然思考这样的问题，让我觉得有些劳累，但这使我的内心非常满足。

说到这里，必须提及一件事情：在一个模范公立学校有食欲不振、消化不良、腹泻等这样的学生病号，另有有三分之一的孩子感觉头痛，甚至有的几个月下来都是这个样子；还有一部分学生身体已经透支，不能再继续上学。这到底是什么原因？学校也查不清楚。

公立校长在我回去后要请我给准备参考的学生作讲座，我在这次讲座中没有一味地强调升学的重要性，也没有再次给孩子们过多的压力。我以轻松的语调让他们从过度紧张学习中释放出自己。结果我成功了，不仅让孩子们的升学率比伦敦名校还要高很多，还让孩子们在快乐中自主地学习。这就是快乐学习的理论。

无论人们承认身体健康状况下降是过度学习的后果还是硬塞知识的后果，对于孩子们的成长来说，都是无益的，也应该受到谴责的。

其实大自然对每一个人都是公平的，每个人都无法获得所有的资源和优势。如果他给你开启了一扇窗，那么他肯定会关闭你的另一扇窗。如果说你利用这份优势发展，那么最后你会得到你所期望的成就。但是如果你强求和过于贪心，那么你不但得不到你所期望的，应该得到的那一部分也会随之丢失，如果这样，岂不是赔了夫人又折兵。

3. 孩子的分数不是第一位

所以，这种以分数论英雄的教育模式必须得到纠正，要让孩子们从题海战术中解放出来。

在大众家长的眼里，小学阶段用分数来衡量孩子的优劣被认为是很正常的，也是家长用来相互比较的工具。但是这并不科学，其一是因多数考试的题目非常机械，缺乏创造性，无法全面衡量学生的能力；其二是对这种年龄阶段的孩子来说考得不好的成绩很容易给他们一种很差或者很无助的暗示。当这种评价是来自他们自己最敬重的老师的时候，这种话语会让孩子产生一种挫败感，觉得自己是真的不行。许多父母不明白这些分数的真正含义而对孩子采取同样的不正确的态度，这更加重了孩子的失败感与挫败感，让他们对学习失去了信心。

而我们最应该去做的是关注孩子的思维能力、学习方法，保留孩子那为之珍贵的好学之心。

其实，在现实中有很多在小学阶段因为考试分数高而被老师和父母赞赏的孩子，等他们长大步入社会后，反而没有什么惊人之举，成为很平常的人。这恰恰说明了追求分数的教育是失败的。大量的资源和精力都被浪费在这种无益的事情上，也让更多的孩子在成长后失去了目标。

孩子都会经过无忧无虑的童年之后走进学堂，开始学习各门课程。紧接着学校就会安排一系列的考试让孩子与紧张联系到一起，产生好与坏的分差，由此来判断他们的优劣。

当孩子们真正走进大学堂的时候，本来以为在大学学习是快乐的生活，但是谁能知道在这里要进行的是比过去还要严峻的残酷的竞争。随着优劣的判断，胜败的竞争，有些孩子因此得到了赞美，更有一些孩子因为成绩不佳而受到了歧视。成绩好的孩子可能成绩会越来越好，而成绩不是很好的孩子因为受不到重视而越来越反感学习。

但现实却常常让另一种结果成为了社会的常见：那些在分数上不那么受重视的孩子，反而会激发出另一种能量，将来到了社会上成为了受人尊敬的人。

也有很多人说，分数很有用，可以分别提醒那些学习好与不好的孩子，给他们一些警铃。

可我必须说，这是一种错误的观点，尤其在教育年幼的孩子身上。

（1）孩子的分数并不代表一切。

尽管重视分数这种现象在将来很长的时间内会存在，可是我们不要武断地用分衡量一个孩子的好与坏，更不要因为孩子的成绩好而骄傲。毕竟，发展是一个很漫长的过程，变化在孩子的每个阶段都会出现。许多人恰恰是因为某一点的改变，而让自己的人生出现了变化。所以，过分强调某一阶段的学习功能，并不能保证每一个人的前途。

（2）分数就像是一个游戏。

孩子在游戏里要保持争强好胜的心，孩子的道德、品质等其他方面可以用荣誉来刺激他们去努力追求，但是唯独求知和学习却不能用这些来衡量。一个天天饱受此种刺激而苦苦学习的孩子，会因为这种痛苦很容易对学习和求知失去了原本应有的兴趣，也就不会去发现知识和挖掘他们自身的潜能，相反他会不断地去迎合所谓的标准答案，并为了能获得好的分数而失去创造的才能。没有创造力的学习，只能产生机械的读书机器。

这样的孩子起初看似一个优秀的学生，但失去的要远比得到的多。而那些分数很低的孩子，会因为这种"警铃"让他们感到压抑，甚至会让孩子们一蹶不振，不再用心学习。

我认为这种做法对孩子的成长是不健康的，如果说有人从一道题、一份试卷就能看出来一个孩子的好与坏，那他不是天才就是神仙。

所以，这种以分数论英雄的教育模式必须得到纠正，要让孩子们从题海战术中解放出来。

4. 死记硬背不如灵活运用

运用规则和获得心智的能力才是培养智力的关键，并不是看这个孩子能死记硬背几条规律。书本的知识应该消化、掌握，而不是囫囵吞枣。只有理解了所学到的知识，才会真正运用这些知识。

在教育方面，我认为，教育必须迎合心智演化的过程，而不是死守僵化的教条。孩子的智力和大自然一样，是由简单到复杂，由部分到整体，由整体到抽象慢慢发展起来的。能力的自然发展是有顺序的，每个阶段的能力则分别供给不同的知识阶层，任何超越规律的发展，到头来，失败的可能性要大很多。

孩子在每个不同年龄段所喜欢的智慧活动是不同的，有些智慧活动因为不适合他的年龄反而对他是有害的。孩子有时候喜欢学某种知识，就意味着他的心理反映自己喜欢这个，所以能吸收得很好。相反，孩子讨厌接受某种知识的时候就说明那种知识提出来过早或方法不合适，即使教会他，也会被遗忘。而可怕的是这些遗忘的知识，他们不会再有兴趣去重拾。

如果我们仔细地思考一下就会发现，会观察是一切有成就的人所必须具备的条件。所有的艺术家、科学家都需要感官的发现，医生诊断也需要感官的发现，工程师也是。我们还会发现，哲学家的特点是能够观察到别人所忽略的事物之间关系的变化，诗人能够看到众人看不到的美妙现实，这也是感官的效用。而他们之所以能有敏锐的发现，并不是因为他们是天才，而是得益于小时候的训练。

父母应该把努力的方向分为以下两点：

（1）使一切教育都有他们自己的乐趣。

（2）通过早期教育让孩子快乐。

死记硬背的经验证实这对孩子是有害而无利的，更严重的是这种枯燥的训练方法，让孩子丧失了学习的兴趣和探寻知识的好奇心。

孩子要是凭自己的兴趣发现了这些知识的话，那么他的专注力就会得到加强，解决新问题同解决老问题一样会迎刃而解。

一个只会背诵、墨守成规的孩子就会莫衷一是，只会人云亦云，遇到需要独立处理事务时，就不知如何是好；而一个善于发觉知识的孩子就会用有效手段去揭开它，这其中的差别是显而易见的。而到底谁是聪明人，也就不难得出结论了。

对于学习成绩差的孩子，根据他们自身的特点，给他们一些建议和帮助，一切让他们自己去判断；对于成绩已经很好的同学，给予一些具体的赞扬，但不能在群体中造成优、劣的概念，去干扰他们自己的思想。

运用规则和获得心智的能力才是培养智力的关键，并不是看这个孩子能死记硬背几条规律。书本的知识应该消化、掌握，而不是囫囵吞枣。只有理解了所学到的知识，才会真正运用这些知识。

5. 根据孩子阶段性的兴趣培养自我服务意识

事实上，教育是一次漫长的征途，充满乐趣，但是也需要耐心和智慧。否则，收获的就是一地鸡毛。

对于人们把小斯宾塞看作神童，我并不高兴，这不是我的本意，因为我知道他不是什么天才，他的思想和能力是通过勤奋学习获得的，我也不希望其他父母只看到结果，而不去关心如何培养孩子的过程。

事实上，教育是一次漫长的征途，充满乐趣，但是也需要耐心和智慧。否则，收获的就是一地鸡毛。

（1）让兴趣帮助孩子自我教育。

任何事情都没有比满足孩子的兴趣更具有魅力的了，哪怕是受苦受累，孩子也愿意做自己感兴趣的事。

一是孩子的兴趣可能五花八门，很多兴趣在家长眼里看起来没有前途，也与他日后要面对的社会毫无关系；二是孩子的兴趣是多变的，今天喜欢这，明天喜欢那，见异思迁，没有持久性，怎么可能完全凭兴趣去发展呢？三是许多孩子表现出来的兴趣与父母的期望截然相反，谁愿意违心地去满足他的兴趣呢？比如一个孩子对烹饪有浓厚的兴趣，而父母却认为这是无意义和丢人的，而希望他学钢琴或小提琴。这是大多数的父母和老师都面临着的问题。毕竟，高雅的音乐代表着体面，而烹饪则意味着伺候人，是难以启齿的。

我认为，孩子的兴趣现在不管看起来多么的无意义，也同样可以通向对他一生具有伟大意义的自我教育。一旦获得这种能力和习惯，他就会努力改变自我，变成一个杰出的、优秀的、有教养的人。兴趣在某些方面，只是能力和道德的垫脚石。

如果他对烹饪有兴趣，那就从烹饪开始；如果他对木匠活感兴趣，那就从木匠活开始。一般来说，如果一个孩子不太具备某方面的潜能，那么不久之后，他偶尔产生的兴趣很快就会转移，主动去学习其他事物，趋易避难是动物的本能，人也不例外，小孩更是如此。

一个孩子对烹饪有长期的兴趣，至少可以说明：他的味觉特别敏感；他对量和度有直觉能力；他喜欢群体，并懂如何让别人满足，从而得到回报、夸赞或快乐，这样就具备了向上奋发的基础；他长于把事物进行组合、搭配，以达到某种效果；他注重事物的变化和变化程度，这也是成功的第一步。你也许会觉得这是对一个具有领导和组织才干的人的描述，事实确实如此，在社会组织者中，爱好烹饪的占绝大多数。当然他也可能会有"有价值"的指向，但基础在那里，再取得成功也不难了。所以，不要小看一些不起眼的爱好，或许，这种爱好就能把你的孩子引向成功。

如何利用兴趣帮助孩子进行自我教育呢？我有这样的一些建议：

① 做一个导师，偶尔提供必要的帮助，比如工具、材料、书籍等，让他们有前进的方向。

② 做一个激励者，适当给予鼓励，但是要把从兴趣到成果的过程完整地交给孩子自己，不要片面地去指责。

③ 把孩子的兴趣变成对家庭有用的东西，让他感觉到自己的兴趣和劳动的价值，从而能长久地维持这种兴趣。

④ 做一个倾听者，让孩子有机会自己讲解，帮助他们排遣失败的情绪。

⑤ 提出一些新的问题，希望孩子自己找到答案，不能让他们总在幻想中满足。

⑥ 阶段性评估孩子因兴趣而产生的成果，让他看到评价的变化。孩子会很重视这种评价，并从变化中思考获得好评的方法。

⑦ 如果想让孩子的兴趣持续下去，就不要随时随地地满足他的要求，适当的欲望缺乏会激起他的更旺盛的求知欲，也是提高自己的途径。

（2）让孩子独立完成一些与生活有关的事。

周末人们一般会到户外去野餐游玩，但大多数时间是由成人决定一切，需要带什么东西，遇到什么情况怎么办，吃饭、住宿，这些花销都是成人说了算，而孩子几乎是一个拖油瓶，是一个被动的参与者；或者说，他们更像一个富有的绅士，由管家或其他什么人安排一切，好与坏与他们无关。我认为完全应该把关系倒过来，孩子应该成为郊游的策划人，而不是享受者。这样，就是对其能力的培养。不要在意孩子在设计游戏时只想着自己，孩子如果真能把自己想玩的游戏设计到位，也是一种难得的能力。

（3）从简单的生活自理开始。

一个生活自理能力很差的孩子他的自我教育能力也不会好到哪去，这是我在对小斯宾塞的教育中深深体会到的。

我清醒地知道，在生活中，天才毕竟是少数，很多后来被誉为天才的人，也是从日常生活中慢慢教育出来的。自我教育并不是获取一些严正规范的或者高深的知识，相反，他也包括获取自我生存能力。因此，到了有一定自理能力的年龄，应该让他学会做一些力所能及的家务，但是绝不能把他当作劳动力来对待。

生活自理，还意味着培养孩子独立、不依赖的意识和劳动习惯。

许多家庭富裕的孩子，他的生存能力很弱。原因就是许多应该他自己去完成的事，交给女佣或者父母。对于教育来说，这是不可取的。

（4）帮孩子准备必要的自我教育工具。

一个孩子对植物很有兴趣，他专注于植物是怎样发芽、长叶、开花、结果时，家长要在他的手边准备一本相关的书籍，方便他去查找资料。如果他连如何制作标本，怎样收集，怎样整理都不知道，连必要的防腐剂也没有，他的兴趣就会停在好玩这个初级阶段，然后逐渐消失，何谈运用它来培养自我教育的能力呢？他会因为难度太大而放弃这个充满快乐和提高的过程。许多极有潜能的孩子就是在这样的失误下碌碌终生了。所以，对于家长来说，要避免这种悲剧。

因此，父母应该为孩子准备与他兴趣相关的工具，特别是书籍。对于孩子来说，书并不是一定要很多种，有时太多了孩子会认为不重要，反而越不会珍惜。关键是要选一本好书。研究教育的人和机构也应该为孩子提供这方面价廉的产品，不管多么简易，对于孩子来说，是他们最有效的帮手。

教育孩子的过程很像舞台剧，有道具和没有道具的效果完全不同。

在小斯宾塞的教育中，我先后制作了夹植物标本的本子、可以固定样本的夹子、书写和绘图的纸张、放大镜以及背包等，这些东西，是小斯宾塞自我教育成功的永久纪念品。

我告诉他如何采集、晒干、防腐、分类放置和加写说明，而他，也学得非常起劲。

总之，针对孩子的兴趣，需要花上一点时间帮他解决他自己无法解决的问题，这也是使他的兴趣得以长期坚持下去的良策，不然，兴趣就是烟花，灿烂一时就无影无踪了。

需要说明的是，帮助孩子自我教育的工具不宜太多太好，否则孩子的兴趣会从原来的事物转移到这些工具上，无法保持持久也是失败的原因。

（5）让孩子自己拟订一个计划。

孩子都是渴望自由，渴望无拘无束的，但如果不加指导地把时间交给他，让他们自己安排的话，他就会像挥霍空气一样毫不痛惜，浪费时间。几乎所有孩子天生就缺少时间概念，这是孩子们的天性。但是，如果父母给他制订一个计划，他要么会厌倦，要么完全心不在焉。这也是父母常常对教育失去信心和教育失败的重要原因。那么父母该怎么办呢？

在我看来，恰当的方法是让他自己做一份每天的时间安排表。许多孩子可能刚开始会严格按照时间表行事，但时间一长，可能就忽略了，父母除了提醒以外，可以针对孩子每天完成计划的情况打分，这就是督促。一周下来，一个月下来，作一个评价，并适当给出物质和精神奖励。

（6）让孩子参加一些兴趣小组或儿童协会。

"伤心需要自己料理，而快乐则需要有人分享。"这句话也同样适用于孩子的自我教育。在他们进行游戏时，让孩子们组成活动小组、兴趣小组，可以使他们相互激励、交流，也可以把兴趣与一定的团队目标结合起来。孩子们在一起往往可以找到志趣相投的朋友。

定期举行一些聚会、展出、野外活动等，会让孩子体会到更多的乐趣。大自然就是最好的老师，也是最好的情绪调节者。

6. 如何培养孩子的阅读能力

阅读书籍就像在一座金山中挖掘宝藏，而能不能找到并得到宝藏就要看你的阅读能力如何了，所以培养孩子的阅读能力对他们将来的学习非常重要。

我从不忽视书籍在教育成长中的作用，书籍在人类的知识传承过程中有着巨大的影响力，同样，对孩子来说，书籍的作用也是不容忽视的。

我认为每个地方，甚至是最偏僻的地方都应有一个图书馆，哪怕很小一间屋子也可以，只要有了，就可以慢慢增加。

除此之外，培养孩子读书的兴趣也至关重要。

（1）读书的习惯最好遍及家里每个人。

孩子的最初环境就有好坏之分，可以从有藏书的家庭或几乎没有什么书的家庭分辨出环境的优劣。

一个家庭也应该有一些藏书。不管世道如何变，家境如何变，但书中的知识和智慧是不会变的。有的家庭，图书一代又一代积累下来，不但成为了孩子可以遨游的巨大知识海洋，而且还保留了宝贵的求知传统，这对孩子成长的影响是有巨大的效益的。要让孩子相信，书籍是能够带来财富的。

孩子总是喜欢模仿，看见父母兴趣盎然地读书，自己也会去探究那书中有什么吸引人的，看不懂也没有关系，父母可以给他念。

（2）培养孩子读书的兴趣，开始得越早越好。

当婴幼儿瞪大眼睛听父母念书时，可以肯定的是他们并不完全懂，但只要他不哭不闹，就证明他们的语言和理解能力在悄悄发生变化，正在影响他们的心智。很多父母认为，婴幼儿期的孩子理解能力低，给他读书也是浪费时间，其实这种理解是错误的。就像给一棵树浇水时，虽然，它不会马上长出叶子、开出花朵，但它的根在静静地吸收，机体内的纤维组织也在发生变化，养分是需要慢慢积累的。除小斯宾塞外，我还对其他200多名阅读理解能力较强的儿童进行过研究，发现他们的共同之处是，从小就在父母的影响下养成了喜欢听书、读书的习惯。

在每天的什么时间读书并不重要，只要每天坚持在同一时间读上15分钟，就一定会有作用。要知道潜移默化对良好的心境的形成是不容置疑的。

（3）孩子要有自己的书柜。

在教育小斯宾塞的过程中，有一段时间，我发现他的书和我的书混在一起，他经常找不到自己的书。为了改变这种状况，后来我和他一起做了一个小书架，把各种书都贴上标签，然后分类放进去。小斯宾塞非常喜欢这个属于他自己的书架，他把它当作了自己的小图书馆，只要有了新书就整齐地放进去。

我认为，存书比存钱更有价值！其实，只要有条件，家长可以帮助孩子存一些有用的或者孩子感兴趣的书籍。

（4）帮助孩子选好书。

不同的年龄阶段的孩子，会对不同的图书产生兴趣。

3~6岁的孩子喜欢色彩鲜艳的图画或者小故事、科幻故事以及动物的童话，那些短小、生动、易背诵的有韵律的句子也对他们有很强的吸引力。

6~8岁的孩子对书籍开始有偏好，除了父母认为必要的以外，可让他们自己去选择。

8岁以上的孩子，喜欢一些幽默有趣的民间故事、古典名著以及奇幻、侦探故事。

多一些书对于开阔孩子视野来说具有无以言说的好作用，但对于一些重要的需要长期培养的方面，书并不是越多越好，多了就会杂乱，内容良莠不齐，影响孩子正确的判断力的形成。因此在每一个方面选好一本书，就像选好一位老师一样尤为重要。有的孩子读了5本书，可能还不如只读一本书的孩子有收获。就像听别人讲话，碰上一个智慧的人，你会停下来，久久聆听；而碰上一个啰唆、又没有多少见识的人，则恨不得马上逃走。

阅读书籍就像在一座金山中挖掘宝藏，而能不能找到并得到宝藏就要看你的阅读能力如何了，所以培养孩子的阅读能力对他们将来的学习非常重要。

第七章　投入大自然中的快乐教育

大自然，对所有的孩子都一视同仁，公正、宽容。它可以培养孩子的美感，又可以启发孩子的悟性。

一个苹果的偶然落地，看似平常，却是人类思想史的一个转折点。牛顿在老家居住的时候已经考虑过万有引力的问题，假期里，他常常在花园里小坐片刻。有一次，像以往屡次发生的那样，一个苹果从树上掉了下来……

就是这个很常见的现象，却使坐在花园里的牛顿头脑开了窍，并引起他的沉思：究竟是什么原因使一切物体都受到吸引，差不多总是朝向地面下落呢？牛顿思索着。终于，他发现了对人类具有划时代意义的万有引力。

1. 体验快乐，回归大自然

我满含深情地、诚恳地希望所有的父母为孩子打开这扇充满自然灵性恩赐的窗户，让他们用心灵去感受自然的美；我希望你们能把紧紧握着孩子的手松开一只，送到大自然这位老师的手里。

大自然的神奇在于可以培养孩子的美感，又可以启发孩子的悟性；

大自然的神奇在于既可以向孩子展示事物的规律，又可以使孩子的身体得到调整；

大自然，它的课堂不论白天还是夜晚，不管晴天还是下雨，都不间断，但它从不收取报酬，也从来不会厌倦；

大自然，它对所有的孩子都一视同仁，公正、宽容，它有父亲般的威严、理性、热情、粗犷，又有母亲般的柔情、感性、温柔、细腻；

大自然，它既可以给每一个孩子以品质、性格的典范，又可以让每一个孩子的知性、感觉得到升华。

大自然是神秘而万能的，是我们每一个人的最称职的老师。

让我们感悟一下大自然的音乐课吧！

随着春天的到来，遥远天际传来隆隆雷声，这是它宏大的乐队开始生命序曲的演奏的信号。这时冬天已经过去，万物复苏。那连绵不断的大地气息从南方的海洋、岛屿向北方的森林、原野、河流吹来，一阵，又一阵，让我们感受到自然的力量。森林中由无数叶片组成的合唱队唱出了和声，河流解冻后发出哗啦哗啦的低唱，稻田里禾苗随风摇摆发出的轻微声音也变得美妙无比，而无数雨滴在屋顶、树梢、河面和空地跳着水晶般的舞蹈，生命经过漫长冬季的沉睡，开始苏醒了⋯⋯

接下来是夏天的雄伟的交响乐章。夏天，表现的是万物在走向成熟时所展示的雄伟力量和巨大冲突，也是自然最为炙热的表现。这时气流像是从一万个少年的胸腔发出，跃跃欲试，那有力的躯体里既流动着日渐增长的力量，又交织着振臂一呼、冲破一切、不可抵挡的阻碍的愿望。雷声的鼓点更响亮，雨水的舞姿更健硕，夏夜的抒情更深切而让人难眠，云破日出的追求也更炽烈。不倦的乐队呵，会一直不知疲倦地演奏到深秋，一直演奏到人们都在渐渐变凉的风中开始思考。

秋天是大自然这位伟大的交响乐家创造出来的最大的构思，处处充满了迷人的变幻。河流放慢了节奏，缓缓流淌，生长的树林和挂果的果园进入成功之前的平静等待，一望无际的稻海也静静地站在秋风中，等着它们最为绚烂的日子。生命的乐章变得饱满而充满着要迸发的激情，前进与停顿在此刻聚集，期望和目标在此刻会合，成长和思考在此时碰撞。只要放眼看一看那漫山遍野的树林和田野，看一看那黄昏流金溢彩的光影，人人都会为此感动流泪。

然后会是冬天，随着无形的指挥棒的挥动，自然界的声音都刹然而止。宁静，静得让人沉醉，静得只有回忆的幻影在雪地上幻动，这是一年中最后的序曲。

如此神奇的生命乐章，如此宏大而精致的大自然的乐队，都被自然之神安排得严丝合缝，它把所有生命的丰富和整个世界、宇宙的简单都融进这盛大的交响乐之中。

除此之外，它又是最杰出的色彩和造型大师，是深谙万物规律的智者，是疗治人类心灵的神医。

正是在大自然美妙的音乐里，小斯宾塞的心灵和智慧一天一天成长起来。这样的音乐课堂，使小斯宾塞既热爱丰富多姿的生活，又钟情于事物内部的自然规律；既懂得生命生长的节奏，又获得了生生不息的前进力，他在成长，也在思考。后来，他在回忆中把大自然称作是他的"第二个伟大的老师"。

这些，表面上看似乎和教育没有什么关系，但是在本质上，却是所有教育的根源。

大自然，就像是任何一个成功且具备良好品行的人的受益者的导师。

岁月和人生变故所无法磨灭的对自然的记忆都存在于每一个人的内心深处。这种记忆是平凡的，也许是倒映着两岸灯火的乡间河湾，也许是夕阳停留、漫山遍野的山坡，也许是经过雨水洗涤得澄蓝如碧的高远的星空，也许是一片飘着橘子花香的橘林。在这里，每个人的幼小的心灵都能得到轻风的吹拂和安慰，梦想与壮志也在这里重新鼓动它们的羽翼。大自然啊，这位伟大而永远可以亲近的老师，是期待浪子回头的父亲，是包容异乡孤客的村庄，是引导渴求知识者的导师，是伴随一生幸福和富足的神圣祝愿，是孩子的须臾离不开的另一个父亲和母亲。

我满含深情地、诚恳地希望所有的父母为孩子打开这扇充满自然灵性恩赐的窗户，让他们用心灵去感受自然的美；我希望你们能把紧紧握着孩子的手松开一只，送到大自然这位老师的手里。

2. 亲近大自然

大自然是最好的教具和课堂，它随处可见，俯拾即是。重要的是把每一次偶然所得的机会与自然相遇变成一份可实行的规划，并依照规划去行事。

大自然是对孩子最初的心性成长最有益的乳汁。

当人们偶尔品尝到一颗美味的苹果，接下来就会把苹果树苗栽种在庭院里，然后浇水、修枝，直到苹果树挂满果子，去品尝丰收的喜悦。

比如人们发现体育锻炼对身体有好处，于是计划出每天运动的时间，让自己的身体更加强壮。

让有益的事情转变的关键在于是否把最初的善意变成一项可行的计划，许多有益的事都开始于偶然，而最终变成了必然。

大自然是最好的教具和课堂，它随处可见，俯拾即是。重要的是把每一次偶然所得的机会与自然相遇变成一份可实行的规划，并依照规划去行事。

根据我对小斯宾塞的自然教育，大致可以这样来安排：

（1）0~3岁

孩子对世界产生最初印象都是在这个阶段，也是在记忆里打下烙印的开始。他无法对陌生的世界万物进行基本的分类和认知，但可以去感受，也很容易把这种感受与生命复杂的综合、发育过程相联系。因此这个阶段对于家长来说是确定孩子的"根性"的最好时机。父母应多带孩子到树木繁华的地方走走，多让孩子感受夜晚星月的璀璨和雨后的雨露。清透的环境与自然界的视野的宽阔也会对他最初的性格进行塑造。不要担心孩子面对这些时会本能地去玩，这恰恰是他幼小生命的天性的释放，而他这时对大自然的感受是模糊而强烈的。他稚嫩的肺会去呼吸，他澄澈的眼睛会去看清万物的丛生，这是生命开始的辉煌。

对孩子最初的心性成长像乳汁一样有益的是大自然自身更替变化中的每一个良辰美景，这些父母都不应该放过，相反，还应该有意识地去加强。大自然的清纯和天然是一首节奏和谐的诗歌，许多孩子不愿待在家里，总是想方设法地要求家人把他带到色彩和声音都更丰富、环境和空气都更好的地方。对于这种要求，家长不要压制，而是要成全。

他就像一个灵敏的探测器，可以测出什么环境对他有益，什么环境对他无益，然后用自己的行动去做出选择。

关于自然环境对孩子日后性格和心性的影响，效果是显而易见的，好的自然环境对孩子性格基本都是往温柔、富有同情心和灵性的方向去塑造，坏的自然环境基本只会产生暴戾、易怒或沮丧、缺乏自信心的孩子。

（2）3～6岁

对周围世界开始具有初步的分辨能力基本都是这个阶段产生的，他们开始注意自然界各种东西的功能以及变化，并进行简单的思考。这是自然环境对其性格、智力影响的第二个阶段。他会把所见所遇的事物存留在思维、记忆中，有些是深刻的，有些是飘浮的，有些是使人身心愉悦的，有些是不愉快的。但是，有时他的判断能力是模糊的，他也可能把一种恶劣的环境当作最初的"玩伴"而接受下来，从此染上一些在他看来是有趣的、而在成人看来是无益的习惯。因此，在这个阶段，对孩子进行指导是不可缺少的。

大自然对孩子来说都是公平的，不管他的父母是贫富，还是空闲与忙碌，它的影响始终存在。父母这时对孩子的自然教育应该是系统的教育，给孩子讲述自然万物的功能、特点、变化和相互关系，让孩子知道自然对人类的作用。

（3）6～12岁

在这个阶段孩子已经进入小学阶段，他们可从书本和课堂上得到有关自然界的知识，此外他们也开始有了新的社会关系网，比如同学、老师、班级，也会面临新的冲突，如同学之间、师生之间、肯定和否定之间、好与差之间。另外，他们的意识也开始成长，开始接受许多新的事物。

分析判断每种事物定性是必要的。对于求知来说，分析对于美感来说又是不利的，美和真的冲突会在这个阶段表现出来，让他们产生困惑。美感和神秘感常常是启发人的悟性、灵感的必要条件。有许多人，他是植物学家、动物学家，但他对植物和动物的美感却丧失了。

因此，这个阶段，除了让孩子继续记他的自然笔记之外，还应该教会他们这样两点，一是学会从大自然中获得启发，二是和大自然保持亲近，二者不可偏废。

我建议父母制订这样的计划：

①带孩子一起感受大自然的每一种自然现象，给孩子制作自然笔记本，让他们去做记录。

②给孩子一起讲自然界的规律、特点和变化，至少每周一次，要坚持下去。

③多带孩子去附近的山川或河流、花园或田野，感受大自然的神奇。

④采集自然界的石头、种子、叶片等，制作标本，这是接近大自然的最好机会。

⑤带孩子种下一棵写有他自己名字的树或其他植物。

3. 在生活中领悟大自然教育

小斯宾塞恍然大悟，弯下身用专注的目光去看那还挂在矢车菊叶片上的小水滴，那让我既无言又感动。我清楚地知道，这两行矢车菊上，倾注了小斯宾塞的爱心，小斯宾塞已开始从矢车菊的生命里明白了爱的道理。

我和小斯宾塞有个至今仍深深地留在我们记忆中的一个暴风雨夜经历。

那是个炎炎赤日的夏天，整整一天，闷热难耐。但是到了晚上，天气却突然发生了变化：闪电突然划破苍穹，雷声从遥远的天边滚滚而来，天空阴暗得能滴出水来。柔软的百叶窗帘被风吹得哗哗作响，屋外的榆树枝条凶狠地擦刮着屋墙，狂风夹杂着雨点呼啸着从窗户缝钻进，声音凄厉恐怖。大自然最暴怒的一面显现了。

突然，一道闪电把房间照得如同白昼。此刻，我听到了小斯宾塞害怕的惊叫声，我赶紧跑到他的房间，只见小斯宾塞用一条床单捂在头上，浑身颤抖。

我坐在他的床沿，用手轻拍他的背心，慢慢抚慰，他慢慢地安静下来。我对他说："孩子，听！暴风雨在唱歌呢，你听到了吗？"

在我的安抚下，小斯宾塞果然不再紧张，凝神听起来。一声炸雷，又是一道闪电，"孩子，听，那鼓声敲响了！"一阵狂风吹起来，呜呜地直响，我又说："暴风雨的乐队里又多了一把大号角。"小斯宾塞仔细地听了听说："不，不是一把，有很多把呢。"我轻轻地安抚他的脸，心里由衷地高兴。

这场暴风雨持续了好久，但是我们聆听了好久，直到风收雨停，小斯宾塞和我渐渐进入了梦乡。第二天早晨，小斯宾塞起来后，第一件事就是告诉我："多么宏大的音乐，我听到了！"

从德文特河边到镇上有一条弯曲小道，路两边长着一大片矢车菊。一天，小斯宾塞惊讶地指着小路两边长得又高又密的矢车菊说："看呀，为什么这两行的矢车菊长得这样高，而且花朵又大又多？"小斯宾塞为他的发现欣喜若狂，着急地问我为什么，急切地想知道答案。我告诉他说，每天都有人提水从这里经过，总会洒出一些水来，正是那每天点点滴滴的水使它们比其他的矢车菊得到了更多的水分啊。

小斯宾塞恍然大悟，弯下身用专注的目光去看那还挂在矢车菊叶片上的小水滴，那让我既无言又感动。我清楚地知道，这两行矢车菊上，倾注了小斯宾塞的爱心，小斯宾塞已开始从矢车菊的生命里明白了爱的道理。

类似的故事还发生在了朱莉的身上。朱莉是一个有着长卷发的好姑娘，遗憾的是她的双耳有些不敏锐。她自己已渐渐丧失了对生活的信心。

秋天的时候，朱莉的母亲把她交给了我。

这对我无疑是一个很大的挑战。无论我给她讲什么，她都不能聚精会神，她沉浸在自己的悲哀中不能自拔。我给她放上一段激情澎湃的音乐，她开始会好一点，但接下来又混混沌沌了。

我决定试一试大自然的恩赐。我把声音关掉，也把书本合上。我说："朱莉，我们不再用耳朵听，让我们用心来听，听大自然的声音，也听我们内心的声音。"

我把窗户打开，屋外是一小片茂密的榆树林，树叶在秋风的吹拂下轻轻地哗啦作响。清凉的气息从窗外飘来，小朱莉把手放在胸口，真的入迷地听起大自然的恩赐来。渐渐地她脸上焕发出微笑的神采，我知道，她正在聆听自己内心和大自然的声音。

两个月后，朱莉回家了，一天她的母亲高兴地跑来告诉我："斯宾塞先生，你对朱莉做了什么？她竟然能专注听别人讲话了，而且比以前活泼多了，整天都很开心。"其实，我没有做什么，而是大自然帮助了她。

4. 记录大自然的美好方法

我认为真正的自然教育应该是快乐的，孩子从实物中得到的快乐远比抽象的要多得多。任何父母，如果懂得把大自然这位和蔼亲切的老师介绍给自己的孩子，这对孩子一生的幸福都是有益的。

大自然开始了它无所不在的教育，这后来几乎成了伴随小斯宾塞一生的美好而健康的爱好。

我从小斯宾塞5岁时开始，教他如何做自然笔记。但他的词汇量明显不够用，他显得焦急而又无奈，这时我告诉他，除了语言文字，表达自己的思想的方式还有很多，比如你还可以画，照自然本来的样子。他也许觉得"自然笔记"这个概念有些深奥，自己还不能完全理解，他自己把它改成了"我的大自然朋友"。许多年后翻开一看，竟然是图文并茂，内容丰富多彩。其中有文字，有图画描述，有实物，如一片苹果树的树叶、一片野百合的花瓣、一粒蒲公英的种子，等等，自然这位朋友在他的眼里是如此的丰富多彩。

我认为真正的自然教育应该是快乐的，孩子从实物中得到的快乐远比抽象的要多得多。任何父母，如果懂得把大自然这位和蔼亲切的老师介绍给自己的孩子，这对孩子一生的幸福都是有益的。

通向大自然的窗户可以打开孩子的心灵，但这需要父母的灵性和耐心，就像从樱桃树上采摘果实一样需要付出劳动，切记不可奢望一蹴而就。孩子在天性上都是自然的亲近者，但并不是每个孩子都懂得去聆听、触摸、呼吸大自然的美与和谐，更多的时候是一种被动地参与。这首先需要每一个做父母的理解大自然的神奇之处，然后教孩子怎样去观察，去倾听，去感受，去描摹。

5. 大自然——最伟大的老师

一个与自然亲近的孩子，是不可能变坏的。相反，他会从大自然的变化中，自己悟出许多道理。

你看到过生命的法则有变化吗？没有！你看到过大自然的法则在变化吗？也没有！同样，关于孩子的自然教育的法则也不会有所变化，它存在于过去，也将畅游于遥远的未来。对于每个父母来说，剩下的问题，就是相信它，并着手这一有意义的计划和行动。

我建议父母作这样的计划：

（1）定期和孩子一起去公园感受大自然，一片星空，一轮明月，一片树林，一道河弯。

（2）和孩子一起投入在自然中放松，不管考试成绩如何，得到的是奖励还是批评，仅仅和孩子一起放松，并这样告诉孩子：

放松你的头，

放松你的脸，

放松你的颈部，

放松你的肩膀，

放松你的心，

放松你的全身，

闭上你的眼睛，深深地吸一口气，

然后睁开眼睛：

我看见……

我听到……

我感受到……

（3）引导孩子自然的规律——和谐。

世界上最伟大的规律是自然的本质——和谐。海洋和陆地的和谐，山峦与河流的和谐，春天与冬天的和谐，白天与夜晚的和谐，动与静的和谐，根与叶的和谐，这就是大自然存在的根基，也是维持美好的景象的必需。因此，所有的父母，对自然界规律也了解的，这是万物生命的规律——和谐。

比如，一片树叶：为什么它的叶脉是左与右，为什么它的形状也是和谐的，在大自然里你很难找到一片不规则的叶子。

这是大自然的真谛，可以培养孩子形成和谐、规律的心理和思维。

一个与自然亲近的孩子，是不可能变坏的。相反，他会从大自然的变化中，自己悟到许多道理。

或许一个人的成就可能会因为职业的选择或其他原因而有大有小，但一个人的品质、性格和智慧，一定与所接受的自然教育有关，这是不容置疑的。也必然与自然有关的是一个人在以后生活中是否感到幸福、快乐，否则，成长就必定面临艰辛。

这是因为自然这位无处不在的老师早已把关于生命的本质，关于事物的规律、法则，等等都安排好了，自然通过每时每刻的展现向每一个愿意接受它恩赐的人展开伟大的力量的感染。关键仅仅在于，你是否有信心去接近它，是否愿意去学习它，是否接受它的启示。这种启示本身已包含了无穷的乐趣和益处，更能够促使人去成功。

人们常常会把有价的东西看作是有价值的，而把无价的东西看作是无价值的。人们珍惜那些有实际价钱买来的东西，比如房屋、电器、汽车，而很少去珍惜对人的身体和智慧有诸种益处而且免费就可以得到的，这种错误的趋向，往往导致人陷入困惑。这就是自然这位导师时常面临的窘境。然而，事情的真实情况却是：房屋可能在一场大火中毁灭，汽车可能报废，而从大自然中所获得的爱的心性、智慧和品质，却不会消失。

这才是珍贵的、永久的财富。正是这种无价的财富，才让我们拥有了比物质更为可贵的思想。

第八章　快乐写作能力的培养

　　写作，对孩子来说像走路、奔跑、跳跃、散步一样快乐而具有魅力，你会发现这项活动不仅可以开启他们的心智，还可以带来无止尽的方便和乐趣。其实，写作本身就是一件神秘而快乐的活动。

　　一个人觉得自己走路的姿势不好看，而去模仿另一个人走路的样子，他最后可能连路都不会走了，中国有个成语就是描述这种状况——邯郸学步。许多人在写作上的困惑就来源于此。

　　所以首先我要说写作来源于生活，来源于自己。

1. 要用自己的语言写作

　　写作需要自己的真实感受，真实来自于生活，那就要孩子去亲身经历，去积累生活的素材。要知道，写作也是一项用心血去完成的项目。

　　老师在教孩子写作文时，常常喜欢列举出一些范文。范文常常被用来教孩子写作和表达，这是很多孩子都畏惧写作的原因。在让孩子阅读范文时，我们应该告诉孩子范文之所以感人，是因为它流露了真实的情感、思想，描绘了真实的生活或事实更具有说服力，绝不是因为它是范文，被印成了铅字，它就有阅读的价值。要告诉孩子他也有很多可以写的东西，只要真实，就是美的，别人也就愿意听、愿意看。相反，不真实的东西就是很乏味的。

　　本来，选取一些词句优雅、韵律有秩、内容感人的范文让孩子阅读，只是为让孩子受到一些语言的熏陶、思想的教益，让他们在写作时得到好的借鉴。但面对纸张，孩子往往会觉得自己必须要写出像范文一样的文章才算成功。结果，孩子变成了模仿者，忘记了自己的语言的人是痛苦的，被迫用别人的语言、思路去写作，这也是痛苦的。对写作感到痛苦的孩子，又如何能写出让人感动的好文章呢？

　　写作需要自己的真实感受，真实来自于生活，那就要孩子去亲身经历，去积累生活的素材。要知道，写作也是一项用心血去完成的项目。

2. 引导孩子去调动他那些美好的记忆

　　小斯宾塞的经历说明，孩子不是写不出好文章，而需要父母去适当调动孩子的记忆，唤醒记忆深处的美好事物，用自己的语言写作。这样，他们就能妙笔生花，写出自己对美好事物的最深的感受。

　　一次，小斯宾塞好奇地问我，怎样写作文？我告诉他要是实在想不出就从屋后的花园美景开始写起吧。于是他真在花园里坐了一个下午，但最后的结果是却只写出几行字来。当我拿起他的本子时，他说："这太难了，我不知道如何描述。"

　　我知道，很多孩子在初学写作时，都面临着语言障碍，他们能够发现许多美，却不习惯把记忆转变成文字，也不习惯把看见的事物变成文字，总认为要写好作文是一件繁杂的大事。于是我告诉他："试试快乐写作的方式，倘若你很想把我们屋后花园告诉你最好的朋友，并希望他看了以后到这里来玩，你就不会困难了。另外，你已经很熟悉我们的花园了，用不着像画画一样照着写，试试回想你在花园里得到的快乐经历。这样想，你就会发现要写的东西其实是很多的。"

听了我的话，小斯宾塞重新开始写作。这次，他写得很顺利，把花园里有什么树、什么花、什么时候最好玩，都写了进去，仿佛不这样写，他的朋友就不知道花园有多美、多有趣。

读完这篇《屋后的花园》时，我被深深地感动了，原来，花园在小斯宾塞的心里完全是一个快乐得如同仙境一般的地方。他在作文里这样写道："夏夜，有时天上布满无数星星，我喜欢坐在花园里，静静地看它们，听它们说话的声音。凉风从花园的树叶里吹过，树叶也像在喃喃互述衷肠……"

小斯宾塞的经历说明，孩子不是写不出好文章，而需要父母去适当调动孩子的记忆，唤醒记忆深处的美好事物，用自己的语言写作。这样，他们就能妙笔生花，写出自己对美好事物的最深的感受。

3. 不要让语言天赋成为作文的阻碍

我认为，没有什么语言比一个人的真情实感更为动人心弦的了，也没有什么言辞比事物本身更有魅力的了，热爱真理，谦卑于真理的语气，比任何强辞雄辩都更让人愿意聆听。

一般来说，在口头表达上十分出色的孩子在语言方面具有很高的天赋，和同龄人相比，他们善于在生活中或者与成年人的交谈中学习和运用新的词汇，很小就能对语感和语境产生敏锐性的联想。父母们常常会惊奇他们在很小的时候就会使用各种词汇，各种句式的运用也很恰当、准确，各种修辞使用也恰到好处，在辩论中总会占优势。本来，这种孩子已经有很好的语言天赋，完全可以在写作上表现出来。但奇怪的是，他们往往写不好作文，书面语言和口语相比，相差很大。原因是什么呢？

在我看来，恰恰是语言的天赋阻碍了他们真实的表达。

相反，一些某个时期在语言上显得笨拙、力不从心的孩子，在写作时反而能出人意料地写出好的文章，因为他们比前者更珍惜语言，更懂得去聆听内心和外部世界所发出的真实的声音。

在教孩子写作时，对于语言天赋高、能言善辩的孩子，要提醒他，语言本身的力量绝不会超越真实的思想、感情和生活。同样，如果离开了现实的生活和感情，语言只会变得华丽而虚弱，是没有多少生命力的。

真理是每个人都愿意听的，是朴素的，也是能够被接受的。

难道我们不需要孩子大胆想象吗？

需要，孩子需要想象。但之前他最好先学会准确地描述自己以及自己所接触的外部事物，最好先学会记录自己的回忆，在记叙时不要虚构，也不需要华丽的修辞，不能让孩子为了写作文而去空想，就像不要让孩子因为题目要求快乐而不得不总装出快乐是一样的道理。

我认为，没有什么语言比一个人的真情实感更为动人心弦的了，也没有什么言辞比事物本身更有魅力的了，热爱真理，谦卑于真理的语气，比任何强辞雄辩都更让人愿意聆听。

4. 把写作变成自己感兴趣的事

在根本上，写作是孩子自己的事。只有把写作变成自己感兴趣的事，才能真正培养他们的语言表达和写作能力。

大自然这位导师在任何时候都是一个成功且具备良好品行的人的受益者，总在给予启迪。

每个孩子和他们的父母、老师都会面临一个难以解答的问题：写作是一项作业、任务、要求，还是一件自己愿意做、想做的事情？尽管每个孩子都在按老师的题目、父母的要求写作文，似乎没有谁表现出不愿意，但我认为其实不然。

在根本上，写作是孩子自己的事。只有把写作变成自己感兴趣的事，才能真正培养他们的语言表达和写作能力。

我对小斯宾塞写作训练一贯的做法是：让孩子自选自拟题目。

为了训练小斯宾塞写好作文，之前我曾经和很多父母一样给他出题目，但他对每个题目几乎都没有什么兴趣，或写不下去。后来我尝试让他自拟题目，写自己想写的事，他发现这是一件无比快乐的事，因为凡是他自己拟定的题目，都是他熟悉的、想写的，比如《蜘蛛的网》《德柏特家的狗》等。更有趣的是，一篇题为《与斯宾塞先生夜谈》的文章，把我在一天晚上与他讨论"耶稣为什么不逃走"的问题全写进去。这些题目和我给他出的"如何成为一个绅士""祖国"等相差十万八千里，看起来也没有什么可写的，但每篇都真实、生动、诙谐，而且表现出很强的语言驾驭能力。

当然麻烦也随之而来，受我的影响，镇上的许多孩子都开始自己拟定作文题目写作文，而且每个人都兴致勃勃。一天，史蒂文太太拿着一篇作文来找我。她怒不可遏，进门时差点被裙子绊住跌一跤。"伟大的教育家斯宾塞先生，看看，难道这就是你教给孩子的作文吗？"

我赶紧接住她扔到我手里的本子，仔细看起来，题目是《我的上帝啊》：

我的妈妈史蒂文太太，总是抱怨我不听话，她似乎一点也不喜欢我，很多时候，她的训斥和威胁让我绝望至极。以下是我记得最清楚的几句话：

"难道你想挨揍吗？"

我当然不想，如果要问我想不想要冰激凌或者下周用不用上课，那我肯定马上回答她。不幸的是，当她说"你想挨揍吗"时，接着就揪住我的耳朵——问我反正是多余的。因为不管我如何回答，挨打是跑不掉的。

"你再这样胡闹，我就剥了你的皮！"

这句话比直接打我一顿更厉害，我曾亲眼目睹她把一只兔子的皮剥下来，我决不会让她在我身上练这种技巧。

"这是我最后一次警告你。"

其实我心里明白,"最后一次"后面还有很多次,而且时间也不会隔太久。

"你以为自己是谁?"

没有什么比这句话更让我紧张的了。难道她不知道我是谁吗? 有时我甚至怀疑,我生下来时,是不是和别人家的孩子调换了。

"我洗衣服、煮饭把手指都磨破了,还不是为了你们。"

其实我早就建议她干这些活时最好戴上手套。

"你以为钱是从天上掉下来的吗?"

我倒真希望是这样,否则她又会说:"你以为钱是从地里长出来的吗?"

"唉! 我的上帝啊!"

我一听到这句话就绝望。难道上帝是她吗?

当我看完时忍不住笑起来。客观地说,这是一篇很好的作文。虽然观点有些偏激,但语言既生动又幽默。于是,我问史蒂文太太说:

"你觉得他写得真实吗?"

"真实,但这也算作文吗?"

我相信父母读了这篇作文后,在教育孩子方面也会受到启发。以我的学识和所受的教育来看,这无疑就是作文,而且是孩子自己的作文。

我真不明白,为什么在进行作文训练时非要让所有的孩子都写他们不喜欢又同一的题目? 如果他对这个题目所涉及的内容没有体验、也不熟悉你让他们怎么写呢? 在前几年的大学升学考试中,由出题者出的题目真可气又可笑。一个题目是"母亲",难道那些福利学校毕业的孤儿们也要写这个题目吗? 一些孩子生下来后就再也没有看到过自己的母亲,这让他们如何写? 这公平吗? 另一个题目是"我敬爱的人",在这个年龄段根本就谈不上敬爱的人,除了编出一个这样的人,又如何写? 这不是逼迫他们撒谎吗?

虽然我非常理解出题者出这些题目的良苦用心，知道他们也很想知道学生的写作水平，但这无疑是把写作完全应该由学生自己做的事，变成了为出题者或者老师的愿望而做的事。结果之一是，即使你是一个写作上的天才，如果碰上不熟悉的题目，也会被大学拒之门外。这难道不是悲剧吗？

除此之外，我从来都鼓励孩子写他自己想写的，这让小斯宾塞对写作一直乐此不疲。等他写完后，我再对一些文法、修辞不恰当的地方加以指正，让他在今后的写作中注意，并加以改正。

5. 让写作成为随手的乐趣

现在，也许人们会发现，我提倡孩子快乐写作的观点对孩子进行快乐教育一样，都立足于孩子的自然属性，而不是强加的。在我看来，没有任何其他方法比顺应孩子自然的次序、兴趣更有效果、更有益。

写作是什么？为什么有的孩子一听到这个词就头疼，而有的孩子却把它当作一种乐趣呢？这里面一定存在某个秘密，已经发现的就会兴奋，没有发现的就会一直存在着困惑。

对"写作"的理解。"写"就是把思想、感情、感悟、事实真实地记录在纸上，"作"就是使这种记录有恰当的体裁、形式、文采。两者结合得当，就是一篇精彩的好文章。

所以"写"是记录，"作"是创作。并且"写"是求真，"作"是在真的基础上求美，使所写的东西具有感染力、说服力。二者不可偏废，缺一就不是好文章。

其实写作无处不在，要让孩子从小开始以各种方式来"写"和"作"，而不是逼着他们无病呻吟。

我认为做父母和老师的，在孩子小时候，就应该把这个秘密告诉他们，就像告诉他们渴了应该饮什么样的泉水一样。

教他们要做到让写作随处可见：

（1）随手作摘记

应该为孩子准备一个摘记的本子，尤其在孩子学习了一些简单的词语，能够写字之后，鼓励他把平时听到的有趣的故事、梦想、奇事、新闻以及讲到的书，以简单的方式记录下来。有的可以抄录，有的则可以简略地记一两句话，甚至可以使用只有自己能看懂的符号。

小斯宾塞从6岁开始就做摘录笔记，后来，他做的摘录笔记一本又一本，里面的内容涉及方方面面，几乎无所不包，简直就是本小百科全书。

摘录笔记比日记、周记更随意也更能体现孩子们的爱好。孩子可以通过它开始接触社会、家庭、人生、自然，等等。

（2）随手做墙记

在父母禁止的墙壁上，孩子常常即兴挥毫，但是他们对书本却总会产生排斥，只要让他在正规的本子上写字，他就感到厌倦。这其实是孩子们的一种天性，不应该简单地去扼杀。所以，就让孩子在墙上写吧。父母可以在墙上固定一个地方，贴上许多牛皮纸，然后在上面写一点小小的提示，比如漫画区、记事区、梦想区，等等，让他尽情去写、去画，给孩子一个尽情展示自己的舞台。

日积月累，父母会发现墙壁像是有魔力一样，孩子们把它视为自己的独有的天地，而不是成人的私属物品。

（3）随手书信

有很多牧师、神父，还有一些童话作者，会经常以通信的方式与陌生的孩子交流，这对孩子的成长来说是一件有益的事情。因为孩子希望收到信，有时这种心情比成人还要急切，而要收到信的唯一的办法是先寄出信。所以，鼓励孩子写信也是一种有效的写作训练。

这种方式虽然古老，但并不过时。小到小学生，大到一些杰出的人物，都喜欢以这种方式来记录自己的生活和思想、感情，并乐意和人交换自己的心得。把握得好，就能很快提高写作水平。

（4）随手日记

每个孩子都要养成自己记录当天发生事情的日记的习惯。但要记住，只要是孩子们用的日记本，就一定要与众不同。我给小斯宾塞设计日记本，就是因为独特，后来被一位出版商看中，他成批地生产这种日记本。不久后开始流行起来，这就是后来被大家熟知的"斯宾塞日记本"。

（5）故事记录

孩子们都喜欢听故事，讲故事，这种本子就是鼓励他们把听到的故事写下来。比如家庭故事、家族的历史、听到的有趣的事情等。记录仅仅只是一个功能，还要鼓励他们自己创作故事。所以一定要设定一种有些神奇的本子，一定要硬面的，有插图的，这样，对孩子就会产生一种吸引力。到七八岁时，孩子们就会有一种愿望，就是把自己写的或者是记下来的故事给其他的小朋友看。哪怕是炫耀自己见多识广，也是对写作有帮助的。

（6）续写引导

对一些比较宽泛的题目，由老师或有条件的父母先写出开头，再让孩子在每段的提示下写完整。这虽然看起来有点笨拙，但也非常有效。当然这些"提示"最好是轻松、有趣的，能引起孩子的共鸣，吸引孩子自觉地往下写。

有一天，当写作变成对孩子来说就像走路、奔跑、跳跃、散步一样时，你就会发现这项活动不仅可以开启他们的心智，还可以给他们带来无止尽的方便和乐趣。这时，写作就不再是一件难办的事了，而只是一项充满快乐的智力游戏。

现在，也许人们会发现，我提倡孩子快乐写作的观点和对孩子进行快乐教育一样，都立足于孩子的自然属性，而不是强加的。在我看来，没有任何其他方法比顺应孩子自然的次序、兴趣更有效果、更有益。

第九章　培养孩子健康的心理

积极乐观的心态像一个强有力的磁场，又如同磁铁的正负极相吸引一样，会将各种有利因素吸引到自己身边，经过一段时间的积累，事情也就因此有了改变的可能。如果早晨孩子醒来时，闪现的第一个念头是："我的天啊！早晨怎么这么快就到了呢？"那他在这一整天可能都会情绪不高、萎靡不振，而他如果想到的是"早晨的空气真清新"，那么充满积极和快乐的一天就真的开始了。

可以肯定的是，对孩子在心理和心智方面产生良好作用的积极暗示总是来源于亲人、朋友或老师。所以，我们的职责就是一定要把各种阻碍他们心智发展的不快乐的阴影消除掉。

1. 让孩子拥有足够的自信

永远不要对一个孩子表现出绝望的态度，就像永远不要对自己绝望一样。要善于发现孩子身上的优点、可爱之处，不要吝惜你的赞赏和同情。只有这样，孩子才能在自信中成长，并爆出自己所没有认识到的潜能。

在很多时候，人是因为自信而拉近了与目标的距离，而不是目标真的就近在咫尺，这是每个成人都明白的道理。对孩子来说，也是如此。当他拥有自信时，他会对陌生的事物不再畏惧，而是敢于靠近。他希望成为它们的一部分，直至梦想成真。

如果你什么都已经做了，那就再多做一点——给孩子信心，让他们不再畏惧。

自信，就像乐观的心态一样，是生命中积极、肯定的力量，是每一个孩子走向成熟和成功的源泉。自信对于孩子们来说，就如同早晨露珠中闪亮的光泽，雨后树叶上动人的绿色，你生命中没有尘埃的宝石一样具有着无与伦比的魅力，激励着孩子们走向成功。

培养自信的孩子，最好的方法莫过于肯定和赞赏孩子，即使同时指出不足也不要紧，那反而会促使孩子们去改掉缺点；而消灭自信，最好的和最简单的办法也莫过于经常性的否定和指责。

有些孩子因为家庭贫困，或者自身条件差，也由于外界的歧视和不公，他们得到的肯定和赞赏远比其他人要少，而各种打击却像空气一样包围着他们，让他们无法振作。他们也曾试图反抗，但柔弱和善良的天性成了他们奋起的最大的阻碍，他们无力与成人抗衡。在消极和绝望中只得以毁灭自己为代价换取成长。这是我们在生活中常常能看到的萎靡不振的孩子，因此家长想要改变这类孩子，最好的帮助就是给予足够自信心。

人最大的罪恶莫过于杀害生命和毁灭别人的自信。一种是从物质、肉体上让人消亡，另一种是从心智上把人彻底打倒。

因此，父母应该告诉孩子们，生命和心智不属于别人，只属于他们自己，不管成绩好与不好，长得漂亮与丑陋，家境贫困或富有，每个人拥有的权力和智慧在上帝面前都是公平的。

父母还要经常对孩子说，失败也是生活的一部分，正如快乐和胜利一样，这些构成了生活的一部分。要相信自己一定是无可替代的，尽管不一定是最好的，但却是唯一的，起码你是母亲的好孩子，父亲的好朋友。

永远不要对一个孩子表现出绝望的态度，就像永远不要对自己绝望一样。要善于发现孩子身上的优点、可爱之处，不要吝惜你的赞赏和同情。只有这样，孩子才能在自信中成长，并爆出自己所没认识到的潜能。

我一直都是这样对待小斯宾塞的，而且我还认为：

如果我不能给孩子财富，那就给他寻找财富的信心；

如果我不能给孩子智慧，那就给他获得智慧的信心；

如果我不能代替孩子生活，那就给他生活的信心。

2. 引导孩子发现自己的高贵价值

一个人是否高贵，不在于别人怎样看他，而在于他自己怎样看自己，自尊者至贵。

在我看来，孩子在认识性格的基础之一就是心理上的自我认识，父母应该告诉孩子珍爱自己的身体，要告诉他们懂得自我保护。健康地存在才是成功的基础。

一次，小斯宾塞告诉我，他们班上要排演莎士比亚的话剧——《威尼斯商人》，老师让他扮演男主角。他期望我帮他背背台词，讲讲每个情节中的人物心理。我很乐意地答应了，要知道，尽管小斯宾塞能力超群，但他的缺点就是口头表达能力比较差，演戏对他来说，难度还是很大的。我想，正好趁这次机会锻炼一下。

两周后，小斯宾塞垂头丧气地从学校回来了。他说，大家一致认为他的表演没有感染力，台词念得像个坚硬的核桃，干巴巴的，所以，大家决定让他放弃这个角色，在幕后念旁白。我告诉他："念旁白也很好啊，能有力地推动故事情节的展开。"但小斯宾塞显然对旁白不感兴趣，他依然希望自己能演主角。对于他的想法，我自然心知肚明。于是，我决定要帮助他改变。

晚饭后，我们决定到屋后的花园里走走。那是一个迷人的春日黄昏，花园的景色也很美，花丛的叶子已经开始发绿了，葡萄藤也长出了嫩芽，满地的蒲公英绽放着一丛丛白色的花絮。我走过去，随手拔起一丛蒲公英说："我想把这些蒲公英拔掉，只留玫瑰花，可以吗？"

小斯宾塞有些怜惜地说道："这些蒲公英很可爱，你为什么要这样做？"

"的确，这些蒲公英也是美丽的，尽管它没有玫瑰的香，但它仍然勇敢地做自己。就像每个人都不可能成为别人，但只要坚持自己就是最棒的。"我说。

小斯宾塞似乎有所感悟，渐渐地，他忘记了在学校的不愉快又高兴起来，请求我继续陪他练习旁白。演出那天，我去了，在演出开始前还托老师转送了一束蒲公英给小斯宾塞。那晚，他的旁白精彩绝伦。

很多年后，我在整理小斯宾塞的旧书时，在当年的莎士比亚剧本里发现了一束淡黄的、压成薄片的蒲公英……

从很小的时候起，孩子就开始本能地认识"我是谁"了。

他会在3岁时就注意自己的相貌，他会对着小镜子把自己的眼睛、鼻子、嘴巴一一认识。大约从7岁开始，他会暗地里比较自己与小伙伴的身体，希望找到身体与心智、性格、能力方面的联系以及自己强在哪里。这是孩子最早的自我认识。再长大进入群体生活后，他们会对自己在群体中所扮演的角色感兴趣，并模糊地与自己的身体联系起来。这时，心理上的自我认识就开始了。

一切教育行为的起点、教育的目的——都是为了孩子的未来。

一个人是否高贵，不在于别人怎样看他，而在于他自己怎样看自己，自尊者至贵。

3. 培养乐观的心态

乐观者在每次危难中都看到机会，而悲观者在每次机会中都看到危难。乐观的心态总会带来快乐明亮的结果，而悲观的心态则会使一切变得灰暗。两种心态对人的影响绝对是不一样的。

我认为，让孩子有自信就应该教育孩子用积极的心态面对周围的一切事情。

积极乐观的心态像一个强有力的磁场，又如同磁铁的正负极相吸引一样，会将各种有利因素吸引到自己身边，事情也就因此有了改变的可能。早晨，孩子醒来时，闪现的第一个念头是："我的天啊！早晨怎么这么快就到了呢？"那他在这一整天可能都会萎靡不振，而他如果想到的是"早晨的空气真清新"，那么充满积极和快乐的一天就真的开始了。这就是有无自信的差别，也是能否成功的关键。

乐观者在每次危难中都看到机会，而悲观者在每次机会中都看到危难。乐观的心态总会带来快乐明亮的结果，而悲观的心态则会使一切变得灰暗。两种心态对人的影响绝对是不一样的。

如果两个迷路在沙漠的人都只剩下半壶水，一个想到的是"天啊，只有这么一点水了，我很快就会被渴死！"另一个想到的却是"我还剩下半壶水，在水喝完前，我会找到水源的。"这就是悲观主义和乐观主义的不同。那么，他们的命运也会截然不同。

每当小斯宾塞有些消沉时，我总是笑着对他说：换一个角度，你会发现一切都和原来一样美好！

我曾经讲过一个乐观和悲观这对兄弟的故事给小斯宾塞，并对他的心态产生了深刻的影响。

一位耋耋的父亲有两个年轻可爱的孩子。圣诞节来临前，父亲为了考验一下自己的两个儿子，就在夜里把完全不同的礼物悄悄地挂在他们各自的圣诞袜上，然后就等着看他们各自的反应。第二天早晨，哥哥和弟弟很早就起床了，都希冀圣诞老人给自己的礼物。哥哥的圣诞树上礼物很多，一把气枪，一辆崭新的自行车，还有一个足球。哥哥把自己的礼物一一取下来，但他并不高兴，反而苦恼非常。父亲问他，怎么回事呢，这么好的礼物，你不喜欢吗？哥哥拿起气枪说，看吧，我如果拿这支气枪出去玩，说不定会打碎邻居的窗户，那样肯定会招来一顿责骂。还有，这辆自行车，我倒是很高兴骑出去，但没准会撞在树干上，那样就会把自己摔伤的。而这个足球呢，总有一天它会被踢爆。听了大儿子的话，父亲没有说话。

弟弟的圣诞树上除了一个纸包外，什么都没有。他打开纸包后，不禁哈哈大笑，一边笑，还一边在屋子里到处找。父亲问他为什么这样高兴，他说，我的圣诞礼物是一包马粪，这说明肯定会有一匹小马驹在我们家里。果然，他在屋后找到了一匹小马驹。父亲也跟着笑了起来："真是一个欢乐的圣诞节啊！"

其实，在孩子的学习和生活中，很多事情也是如此，乐观的心态会带来快乐圆满的结果，而悲观的心理则会使一切变得灰暗无望。不仅如此，这对他以后的生活也有很大影响。所以，要让孩子保持乐观，最好的办法就是让他们拥有自信。

4. 积极暗示就是一种鼓励的效果

90%在品质、意识和智力方面有杰出表现的人，在自己的童年或少年时期都受到过来自亲人的积极暗示，最多的是来自母亲，有的则来自父亲、祖母、祖父，等等，可以看出，都和身边的亲人有关。

我发现暗示的作用对于孩子来说，越早越有深远作用。暗示者与孩子的关系越亲密，作用越明显。最为重要的是这种暗示如果是来自亲人、朋友或老师的话就会对孩子的心智产生良好的影响。

这一观点最近得到了我的朋友——爱丁堡大学教育心理学家马丁教授的实验验证。他把一群孩子不是根据智商优劣，而是随机地分为两组，然后告诉孩子们：A组是优等组，在智力、意志品质和特长上明显有优势；B组则相对差些。老师得到这种信息后，对他们开始了相同课程的教学。

一个学期后，A 组的成绩和各项考评真的优于 B 组。所有人都认为他的分组是正确的，但当他最后把这一实验的目的和真相告诉学生和老师时，他们简直不敢相信这个事实。后来又经过几组实验，结果也一样。我发现暗示的作用对于孩子来说有着很强的影响，尤其在孩子年龄越小时就越有深远持续的作用。暗示者与孩子的关系越亲密，作用就越明显。有时我会由此想到"命运"这个概念（本来我并不愿意这样去想），其实，那并不神秘——那就是母亲对孩子的暗示，如果总是消极的，他的结果一定也会是悲剧性的。这不正应验了一句古老的谚语"亲人的诅咒会带来灾难"吗？

有趣的是，一般的暗示与包含了丰富、真挚的爱的暗示不同，其作用也是不一样的。比如，一个经常受到夸奖的孩子，因为奖赏太多太滥，他也可能因为受到过多的赞赏而产生厌倦，特别是当这些夸奖有所失真而变得毫无意义的时候，有的孩子会产生过大压力，反而使他不希望得到这种夸奖，希望自己能平凡一点。相反，包含着爱的积极的暗示，它总是显得可靠可信，并且也没有明显的功利目的。这种暗示的作用，就像血液和心灵印记一样深刻而持久。

90% 在品质、意识和智力方面有杰出表现的人，在自己的童年或少年时期都受到过来自亲人的积极暗示，最多的是来自母亲，有的则来自父亲、祖母、祖父，等等，可以看出，都和身边的亲人有关。

这一项调查证明也来自马丁教授。

那么，如何在孩子的早期教育中进行积极的暗示呢？

（1）积极的暗示总是与真挚的爱相联系

能真正给孩子有益、有用的暗示必须是真挚、无私的爱，它有时是发现孩子在某方面的潜能，有时是对他性格中优秀成分的敏锐捕捉，有时是对他智力的真诚表扬。这就要求家长对孩子进行细心的观察，随时发现孩子身上的闪光点，并及时地给予表扬。

（2）积极的暗示并不是夸张、夸耀和人为地对缺点进行掩饰

来自亲人的暗示，常常会有夸大和期望的成分。虽然积极的暗示会起到一种很好的促进作用，但是对孩子明显的缺点也大加赞赏会养成孩子在

品质上的一些坏习惯，甚至是对孩子缺点的纵容。不顾事实，一味好胜，缺乏对真理的必要谦卑，这样的暗示，与消极的暗示所带来的坏处一样恐怖。对于家长来说，区分这种差别不是什么难事，要把"爱"和"溺爱"分开。

5. 积极的态度来自于积极的"暗示自己"

我认为孩子从幼儿到少年这段时间，暗示就像是点燃他们生命和智慧的火把，它可以把平淡的生活照亮，把毫无目的的漫游变成有理想的追求。孩子们从这些暗示中，隐约可以看见未来的曙光。一旦这样，各种阻碍他们心智发展的不快乐的阴影就会自动消除。

如果一个人老是怀疑自己的能力，那么他就会显得没有此种能力。如果一个孩子一再怀疑自己的记忆力出问题，他就真的什么都记不住，导致对书本知识产生恐惧。再者，如果一个人成天担心自己变老，他也一定会很快变老。让一个孩子每天重复，"我恨自己，我真的恨自己"，"为什么我老出错"，那么最后他就会什么事情都没办法做。这就是自我暗示的作用，看起来很小的心理作用，它导致的后果却是真实的。

一次，小斯宾塞突然问我一个问题"是不是我们全家人都神经衰弱"，我诧异万分，赶忙询问他为什么会有这种想法。原来，他在一本书里看到这样一个观点，如果一个孩子过早地懂得太多知识，他一定会患上神经衰弱。于是"神经衰弱"这个词就一直停留在他的记忆里，怎么也无法忘记。虽然他还无法理解这个词的意思，但他还总把身体各方面的异样归结到"神经衰弱"上面。

我必须通过某种方法来消除小斯宾塞内心产生了"神经衰弱"的障碍，这个障碍是小斯宾塞自己做的自我心理暗示。而且不尽快消除的话，就会对他的心智发展产生不好的后果。于是，我让他每天早晨起床后就说："我拥有着最好的头脑""感激父母，给我的一切都如此完美"。开始他只是小声地说，后来我告诉他不要踌躇，用尽可能大的声音去说。

一个多月后，小斯宾塞的"神经衰弱"障碍已经完全消失了，我再也听不到这两句话了。

一些孩子在出现类似情况后，我也通过这种自我暗示的方法治疗，并且都收到了很好的成效。

一年冬日，劳尔神父交给我一项神圣的任务，他把几个寄住在教会的流浪孩子送到我这里，希望我尝试用一些新的方法教导他们。接收他们的那天，我没有对他们进行长篇大论的说教，只是让他们从一个只能伸进一只手的纸盒中选取一张卡片，卡片上的两句话就是对他们的幸福祝福语。按要求，孩子们每天要重复他们的幸福祝语，如"今天，我要快乐地跟每一个人打招呼""我很有信心，很有力量""我快乐，我会成功""我的记忆力很好，我能记住一切"……

由于卡片是孩子自己选的，所以，这些孩子都很重视它。但是，万事开头难，他们很不愿意这样说话，于是，我就故意问每一个孩子的幸福祝语是什么，并要求他大声地回答。我深信，只要开始说，良好的影响就会发生了。

开始的时候，他们还是有些难以启齿，有的能说，但声音几不可闻。但随着时间的流逝，孩子们说话的声音越来越大，表现得越来越自信。本来由于天冷，又下着雪，户外活动就减少了，但经不住他们一再要求，我们还是经常在雪地里活动。我们跑步到德文特河边，一边跑，一边喊着："我爱这个世界，我爱每一天"，引得镇上的人都趴在窗户上看。

自我暗示的作用逐渐起作用，每个孩子的脸上都开始出现了从未有过的快乐与活力……

我认为孩子从幼儿到少年这段时间，暗示就像是点燃他们生命和智慧的火把，它可以把平淡的生活照亮，把毫无目的的漫游变成有理想的追求。孩子们从这些暗示中，隐约可以看见未来的曙光。一旦这样，各种阻碍他们心智发展的不快乐的阴影就会自动消除。

6. 培养有勇气、有自信的孩子

培养勇气同培养自信心一样，最好的良药不是什么千金难买的秘籍，而是人人都能提供的鼓励、赞赏。

勇气不会局限在某个人的身上，任凭你是谁，只要你能够勇于面对自己，坦然面对天地，不惧，不恐，不惊，能够勇于做出一切，乃至于忽略自己的生命，你便是一个值得嘉许的有勇气的人，而改变这一切的你的精神，就是勇气！

培养勇气同培养自信心一样，最好的良药不是什么千金难买的秘籍，而是人人都能提供的鼓励、赞赏。

众所周知，在生活中，勇气往往象征着希望，也是人战胜困难的力量。勇气是对自我力量和智慧的肯定，是对待事物的一种积极心态，是内心不再犹豫的判断。勇气不是随时具备，而是人常常在面临困难和恐惧时才会产生的，当然，许多人也会在这个时候丧失了勇气。

当一个人不断地积极暗示自己时，他的能力、判断力、想象力、记忆力、兴奋程度都大有提高，人也处于亢奋状态，敢于藐视一切困难，从而有助于他解决所面临的问题。相反，一旦失去勇气，则常常陷入自我悔恨和畏惧中，哪怕是一点微小的挫折，也会让他裹足不前。大多数孩子在成长的过程中都会面临是否具有勇气，要经常告诉他们以积极和投入的心态面对问题。

勇气还有助于孩子作出比较、选择，"不这样，难道还会有更好的办法吗？"然后能果断地作出选择，并为之付出努力。这就是勇气所带来的改变的力量！

培养一个人的勇气同培养自信心一样，鼓励、赞赏、肯定是最好的良药，其次是生活中确定令人激动的目标和不断进行的尝试、磨砺。

在小斯宾塞很小的时候，我就开始有意识地培养他的勇气。

孩子从小到大，注定要经历许多对他来说有一定难度和恐惧的事情，比如黑夜、迷路、小伙伴间的争斗、陌生的环境以及犯错后的惩戒、反省，等等。所有孩子的本能反应是希望得到帮助，或者大人能代替他去面对情况，让自己能享受到最后的成果。但我认为如果必要，要让他自己去经历才行，大人此时需要做的只是给以必要的关心和少量的指导，并告诉他运用自己的勇气。另外，我从来不把一些残忍的事看作是有勇气的表现，譬如对小动物的虐杀。相反，我经常对小斯宾塞说，一个真正有勇气的人应具有悲悯心。

同样，我告诉小斯宾塞，勇气只是一种心理，除此之外，还应该经常使用理智，从来不要把鲁莽、冲动、缺乏理智的行为看作是有勇气的行为。

第十章　培育身体的快乐教育

　　人生无常，常常会出现某些意料不到的意外。我们要做的就是坦然面对，不要让意外来影响自己的未来。

　　人生的幸福是什么？我认为身心健康就是人生最大的幸福。一个人的身体和心智都健康、健全，就应该感谢上帝了。二者若有一方面不健全，就是最大的遗憾。所以，让孩子拥有健康的身体和健全的心智是多么的重要！我们对孩子的教育，一定要从这两方面入手。

1. 健康的身体和健全的心智缺一不可

　　身体是所有智慧、道德、品质的载体，就像一条船一样，它将和它所装载的东西一起，去完成人生的漫长航程。

　　在小斯宾塞 12 岁的时候，我受伦敦一家杂志社的邀请，离开了生活多年的德比小镇，到《经济学家》杂志社工作。这里环境幽静，正好适合我进行研究和写作。

　　在伦敦，最有趣的是我被邀请加入"X 俱乐部"，这个俱乐部的成员只有 9 个人，都是英国有名的科学家。我们经常在星期四下午一起讨论科学、哲学、教育等问题，而对于我的经历和目前的研究来说，我关心更多的则是教育的问题。如何对孩子进行身体教育，是我们这段时间思考和讨论得最多的话题。

俱乐部中的每个人几乎对孩子身体培育的重要性都毫不怀疑。身体是所有智慧、道德、品质的载体，就像一条船一样，它将和它所装载的东西一起，去完成人生的漫长航程。

大部分人生的痛苦或幸福，大多是自己造成的。心智不明的人做事肯定找不到正确的途径；身体衰弱的人即使找到正确的途径也因为身体所限，没有能力去实现目标。我承认，也许有这样的孩子，几乎是生来就有聪慧的心灵和强健的体魄，用不着别人帮多少忙。他们完全可以凭借自己天赋的才气和身体，自幼便能向着最美好的方向进展。他们有着超人的体质，好像生来就是为伟大目标而准备的。但这种情况在现实中却是非常少见的。只有极少的孩子，在他们天赋之下，也接受着父母顺应自然法则的培育。他们的父母看起来没操多少心，但实际上在暗地里给他们提供了他们所需要的自然发展的空间。

但绝大多数的孩子是没有这般幸运的，他们的成长需要精心细致的培育。

年幼的孩子的身心发展像江河中的水：水性柔和，稍用一点力量就能引导它，就可以使河流发生根本的改变，最后流向遥远的地方；有的可能不会那么柔和，它一开始就蓄积了足够大的力量，因此想改变它的力量就得用一些方法和技巧。不然，就会两败俱伤。

孩子的体质都会在未来显现出来，哪怕一点点的变化。

我深信，要使孩子胜任自己未来的工作，幸福人生的基础必然取决于强健的体魄。而要成就一番事业，更要有能够忍耐辛劳的强健体魄。有的孩子依靠突出的智慧在日后取得成就，有的孩子依靠美好的德行在日后取得成就，也有的孩子依靠的是过人的精力和超强的体质取得成就。这些都构成了成功的基石。

遗憾的是，我看到大多的事实并不是这么理想。人们从教堂出来，走在田野上，很自然地从评论牧师讲道转到天气、收成、牲畜，然后又讨论到各种饲养方法。人们对训练、饲养动物的兴趣，似乎远远超过对孩子的培养。在镇上，几乎所有的人都知道马刚吃饱后，应不应该去拉车，可是却很少有人去探讨一个孩子吃饱之后，是不是应该马上去学习。许多父亲基于男子的尊严都不屑于去做这些事，而是想当然地认为教育孩子是女人的事，把这些事情交给母亲去做。

我认为："要培养孩子成为一个优秀的人，首先要培养他成为一个合格的动物。"

2. 脚的锻炼和冷水浴

冷水浴对孩子的健康也是有极大好处的，它在生理学上的依据就是刺激和反射。一旦受到刺激，人会本能地调动身体中的每种力量加以反射，肌肉、气息、意志力，等等。

脚是用来走路的。

如果你希望你的孩子以后有足够的脚力，就应该从小锻炼他的脚力。我一直坚持让小斯宾塞用冷水洗脚。有时出去郊游我也让他赤脚去走一走，当然，选择的地方是在草地上运动，防止他被划伤。

冷水浴对孩子的健康也是有极大好处的，它在生理学上的依据就是刺激和反射。一旦受到刺激，人会本能地调动身体中的每种力量加以反射，肌肉、气息、意志力，等等。

儿童每天睡觉之前一定要洗脚，而且是用冷水，即使是冬天，也不应该例外。只是冬天洗完之后，要把脚搓暖和，防止感冒。不过，这种锻炼最好从夏天开始，经过夏天、秋天，然后坚持在冬天也洗冷水，这样徐徐渐进可以让孩子很容易适应，不容易患感冒。小斯宾塞在冬天洗冷水时，我用比赛的办法，和他比试看谁敢用冷水洗。孩子的好胜心使他很快就战胜了自己。

不过，由于冷水浴会消耗热量，所以在饥饿和特别疲劳时就不要这么做，避免消耗更多的热量。秋天和冬天洗完脚之后，也要赶紧补充一杯热牛奶或者热肉汤。洗完之后在第一时间用干毛巾把身体擦干擦热，促进血液循环。穿衣服的时间要迅速，但不要拖得太长。还应该注意在孩子感冒或生病的时候，这种刺激活动应暂时停止。

斯宾塞家族一直把洗冷水澡当作一个传统，已经延续了很多年。洗冷水澡这一健身的习惯，既经济实惠，又简单有效。事实证明，这样做对孩子的体质的确有很大提高，而且在意志力、自我控制力上也明显优于其他孩子。在成人后，他们就有了好的体魄去承受更长时间的脑力和体力劳动，经过冷水浴锻炼的孩子声音响亮，行动敏捷，身体素质要好于一般的孩子。意大利、德国、波兰的很多家庭长年坚持让孩子洗冷水浴，甚至有的学校把它作为一项必修课。

有一种说法，认为洗冷水脚、冷水浴，孩子容易感冒，这只是一种过于小心和不科学的说法。相反，实践已经证明，长年洗冷水浴的孩子恰恰很少生病。他的自我调节能力和抵抗能力明显增加。在这一点上，德国和爱尔兰人的做法值得学习，即使很娇嫩的、刚出世的婴儿，父母也给他们洗冷水脚、洗冷水浴。

3. 坚持游泳和户外运动

大自然像一个天然的生命的运动场，它用风雨、冷热，还有四季变化的风景、树林、草场、河流山川等让生命无处不在。空气清新、湿度适宜，这恰恰是人类最好的生存环境。这就产生了一项对每个人的健康都有好处的活动，尤其是对孩子的健康大有好处的事情——户外活动。

古代罗马人很重视游泳，把它和文化教育相并列。那时候流行一句谚语，形容一个人没有受到良好的教育，就说"这人既没有文化，又不会游泳"。

　　孩子到了能够学习游泳的年龄，又有人教他，就应该让他尽快地学习游泳，不要因为害怕危险而失去一项技能。会游泳不但使一个人获得应付紧急情况的技能，而且能经常洗冷水浴，增加肺活量和身体的协调能力，让人的身材看上去更匀称。

　　一个硬币总有两个面，游泳存在安全隐患。所以，在游泳时应特别注意安全。父母既要教会孩子游泳，又要告诉他们危险所在，并知道如何去避免危险。还有要注意等身体放松后，先用冷水拍打胸、手腕、后颈等，让身体逐渐适应。不要贸然下水，以免产生危险。

　　大自然像一个天然的生命的运动场，它用风雨、冷热，还有四季变化的风景、树林、草场、河流山川等让生命无处不在。空气清新、湿度适宜，这恰恰是人类最好的生存环境。这就产生了一项对每个人的健康都有好处的活动，尤其是对孩子的健康大有好处的事情——户外活动。

　　一个生命如果要获得更多的力量，不是在家里静养，他一定要经常到有许多生命生长的地方。就像一个人要获得智慧，就应该和更多有智慧的人在一起学习、交流，这个道理其实是非常简单明了的，许多人都可以轻易地理解这一点。

　　即使在冬天，从锻炼孩子的本意出发，也不要让他烤火，而应该经常带孩子到户外去活动。让他对烈日和严寒、风雨这两种极端的天气都有一个适应的过程。一个人的身体如果连大自然的基本时序更替都无法承受，那他在今后漫长的人生之路上，又该怎样去应付人生的起起伏伏呢？这种习惯和所需要的身体素质，不是天生的，而应该在孩子很小的时候就开始培养，如果等他长大了，他可能已经习惯于舒适而很不适应户外活动了，他自己也可能会因此而厌倦户外活动。

　　经常到户外活动的孩子，他的身体和不参加户外活动的孩子相比，明显充满了更强的活力。女孩虽或许应多注意一些容颜，但对于户外活动也不应该拒绝，这会使她们健美起来的。内在的健康美比任何化妆的美，都要真实和持久。

　　我们不得不承认，在物质不匮乏的前提下，农村孩子在身体方面普遍比城里孩子身体更健壮。参加农活也是户外活动的一部分。劳动不仅提供给孩子亲近大自然的机会，而且可以培养忍耐、持久的意志品质。在未来面对磨难时，更能坦然迎战。

要注意的是，户外活动时，要提醒孩子不要在跑得太热时坐在湿地上，也不要因为口渴而大量喝冷水。这样会容易发烧、生病。这些都是在户外运动时所要遵循的规律，只要把这些道理给孩子们反复讲，他们就会慢慢形成习惯，做到锻炼和健康两不误。

4. 注重睡眠质量

睡眠的时间将占据人生近一半的时间，这是其他养生方式所不能代替的。所以，从健康出发，更应该让孩子从小就养成良好的睡眠习惯。

睡眠是在所有注意的事情中最应该让孩子充分享受的事，睡眠的重要性在于其能让运动了一天的身心得到彻底的放松、休息。就像白天和黑夜的交替一样，白昼喧哗、运动，而夜晚宁静、和谐，两者相得益彰。

孩子的身体也是这样的。因此，我认为在孩子的身体发育过程中，睡眠是最重要的因素之一。对孩子的身体培固，有着不可估量的影响。

睡眠的时间将占据人生近一半的时间，这是其他养生方式所不能代替的。所以，从健康出发，更应该让孩子从小就养成良好的睡眠习惯。

早睡早起是顺应自然的，也应该是最劳神的。当夜晚降临，自然就是在给人们进行引导：世界逐渐走向宁静，告诉人们，休息的时间到了。

如果这时孩子还处于特别兴奋的状态，这是违背自然法则的。尽管有的成人这样做也没有发现明显的不适，好像不是什么大不了的事，但孩子正处于身体的发育期，越是顺应自然，就越会得到好的发育。打断自然生物钟的安排，就不利于好习惯的养成。

一般来说，0—3岁的孩子，只要不是连续睡，他想睡多久就让他睡多久。因为，睡眠就是在促进他的发育。3—5岁以后，则可以逐渐让他养成早睡早起的习惯，但中午应该让他们午休一会，好恢复他们损耗的精力。7—14岁，他们的睡眠时间逐渐减少，但不应少于8个小时，太多则会养成懒惰的习惯，不利于今后的学习。

唤醒孩子一定要轻松，勿要惊吓到他们，有时，突然打搅他们的美梦，会让他们留下后遗症。所以，用一些有趣的事物引导他们起床，会让他们轻松地起来。

对于孩子的睡床，我认为应当睡硬床，床上用品尽量用棉制品，而不是用其他的羽毛或动物毛，这些物品或多或少都会有纤维漏出，对孩子的皮肤有不好的影响。硬床能够锻炼体格，而每天晚上埋在太软的床上则常常导致脊椎出现扭曲的问题，不利于身体健康发育。在家睡惯硬床的孩子出外旅行就不会过于挑剔，就不会因为床铺不软或枕头不合适而失眠。我还认为孩子的床铺应经常有所变化，有时让头睡得高些，有时让头睡得低些。这样可以使得他们对以后遇到的床铺的细小变化感觉不出来。

此外还应注意孩子睡眠的质量，对长期受噩梦困扰的孩子应帮助他摆脱，不然，睡眠不足所造成的影响会让孩子一整天都无心干其他的事。睡眠是大自然赐予人的甘露，失眠之人无不感到痛苦。

5. 养成正常排便的习惯

我劝告父母们，在儿童早晨起床或进食后应该马上让孩子去排泄，让他们能慢慢习惯这样的生活规律，促使孩子养成这样的生理习惯，这对身体的发育有百益而无一害。

正常的生理排泄尽管是一件简单的事，但对孩子的身体而言，却是非常重要的一项身体机能。太过频繁排泄大便的孩子在身体方面，一定有需要治疗的问题。

我认为，不管是大人还是小孩，在早晨起床后或进了早餐之后是最恰当的排泄大便时间。因为早晨胃是空的，身体又经过了一夜的调整，这时排泄可以把体内的一些废料和有害的东西全部清除，这样，腹部和肠胃处于轻松的状态，就可以安心地进食了。

因此，我劝告父母们，在儿童早晨起床或进食后应该马上让孩子去排泄，让他们能慢慢习惯这样的生活规律，促使孩子养成这样的生理习惯，这对身体的发育有百益而无一害。

我认为除非是孩子得了明显的重病，一般不要太多太滥地用药。许多父母希望完全把孩子的健康和身体交给医生，稍有一点不适，就让医生开上一堆药（而医生常常也乐意这样做，仿佛不如此就没有尽到职责）。这样做最大的坏处是降低了孩子自我调节的意志和能力。毕竟，药物还是存在很多副作用的。

6. 适时适量用药

其实，与其把孩子交给一个喜欢滥用药物的人，还不如完全任其自然比较安全。理智和经验都告诉我们，除非是到了绝对必需，应该尽量避免使用药物去干涉孩子娇嫩的身体。

有许多疾病，刚开始一般只需要一点清水，同时静心休养，禁吃垃圾食品就可以治好。如果这些温和的疗法不起作用，再去看医生也不迟。

比如小孩发烧，先应尽量用物理降温法，用冰块、湿毛巾敷他们的头部，只要体温不是特别高，就不用服退烧药。一般来说这时药物只能减缓不适，而不能起到治疗的作用。过分依赖药物会使得病菌的抗药性能力增强，反而不利于治疗。

特别要提醒的是，任何迷信的医疗方法都是无用的，对孩子真正的病痛——表现症状为痛苦地哭啼或呼吸困难、抽风等，则不能拖延和等待，必须立即送到医院，否则后果会相当严重的。

虽然现在医疗条件有了较大改善，我仍认为，每个有孩子的家庭都应该备一本《育儿医学常识》，这样，遇到紧急情况时，可以先处理一下。此外，还应备有温度计、紫药水、感冒药等。

其实，与其把孩子交给一个喜欢滥用药物的人，还不如完全任其自然比较安全。理智和经验都告诉我们，除非是到了绝对必需，应该尽量避免使用药物去干涉孩子娇嫩的身体。

第十一章 综合素质的快乐教育

孩子的智力和品德一般情况下是相辅相成的。一个缺乏良好意志和品质训练的孩子，即使他在某方面有很好的潜能，也很难有什么成就。一个缺乏道德和伦理教育的孩子，有时你会发现他的智力发展越高，对社会的危险性也越大。

1. 思想与品德教育的必要性

在教育上，我并不相信帕累斯顿的教条："孩子们生来都是好的"的说法，我宁愿相信孩子确实存在着一些缺陷，但这些缺陷不是不可以去除的，而是可以在后天的教育中加以弥补的。相比之下，培养孩子的道德和意志、品质是一项需要长期反复、慢慢启迪的工作，即便如此，它仍然有规律可循，尽管比智力培养要难一些，但这也是教育的乐趣所在。

伴随着小斯宾塞的成长，有关教育的问题越来越多，许多问题已不完全属于个人的教育经验，而属于普遍的、全社会应当认知的问题；另一方面，由于我在教育中的一点小小的影响，许多父母和老师，包括教育方面的学者和官员，也逐渐把我当作教育专家来对待，他们经常拿一些问题来向我请教。而为了回答这些问题，也促使我在这方面花更多的心思和精力。

不久前，在德比镇上发生了两件骇人听闻的事情：

一件是卡尔马特家的独生子小卡尔马特在一个晚上用榔头把熟睡的父亲杀死了，而他只有 14 岁。事后，据说他像什么事也没有发生一样去上学了。当警察把他带到拘留所时，他很轻松地谈了这件事，并说原因是他父亲经常殴打他，在他心里，杀死父亲仿佛不是什么很大的事情。

另一件事是在不远的城里发生的。一个叫拉莫尔的孩子，活活掐死了祖母，因为多次向年迈的祖母要钱遭拒绝，他因此怀恨在心，动了杀机。

这两件事让我思虑甚重。当初，这两个孩子的父亲和祖母一定想不到自己含辛茹苦培养的孩子会是这样。而事情竟然毫无预兆地发生了。这究竟该怪谁呢？是该谴责孩子，还是他们的父母呢？

可见，品德教育和智力教育同样重要。稍有不慎，所带来的后果是非常可怕的。

在教育上，我并不相信帕累斯顿的教条："孩子们生来都是好的"的说法，我宁愿相信孩子确实存在着一些缺陷的，但这些缺陷不是不可以去除的，而是可以在后天的教育中加以弥补的。相比之下，培养孩子的道德和意志、品质是一项需要长期反复、慢慢启迪的工作，即便如此，它仍然有规律可循，尽管比智力培养要难一些，但这也是教育的乐趣所在。

2. 教育的根源艺术

如果说能生儿育女是身体上成熟的标志，那么会教养这些子女则是心智成熟的标志，对于家长来说，后一种无疑更为艰巨和漫长。

如果一条河流的一段出现了污染，生活在这条河流的鱼儿就会成堆地受到影响，水生植物会逐渐消失，河流就失去了生命，成为一条死河。出现这种情况，我们一定会从这条河流的上游开始查找原因，如果这条河上游没能发现污染源，我们又会追溯到另一条相连接的河流。

同样道理，关于孩子的一些现状和目前教育的问题，寻根溯源的方法也同样有效，而且也是唯一正确的方法。但是这项工作只有父母通过自我探索才能完成。有的父母在摸索、学习，这是有价值的，但有的则是完全凭借个人经验、好恶习惯来教育，这就变得可怕了。所以，教育孩子，一定要选择正确的方法。

如果说能生儿育女是身体上成熟的标志，那么会教养这些子女则是心智成熟的标志，对于家长来说，后一种无疑更为艰巨和漫长。

许多父母受到"因材施教""每个孩子都有所不同"和观念影响，以致把一些基本的原则和方法也看成是不适合的，而喜欢用特殊的方法去教育自己的孩子。尽管在山区种马铃薯和在平原种法不一样，但它们都需要土壤、水分和阳光，这些道理都是一样的。离开教育的基本原则，失败的可能性要大得多。

由于缺乏准备，父母们要么是把教育全部推给学校，自己漠不关心；要么就是凭兴趣和冲动来进行教育，把失败归咎于孩子太笨。他们并没有经过深思熟虑，他们不知道怎样做才对孩子产生良好的影响。如果有一些方法，那也大多是从过去流传下来的，从自己童年回忆中想起的，或者是从乳母、女佣那里听来的，并没有经过实践的检验。遗憾的是，这些方法大多是当时愚昧的结果，而不是当时智慧的产物。所以，对失败教育导致的悲剧性的结果，也没有什么值得大惊小怪的了。

3. 对孩子不良品性的自然惩罚

自然惩罚和人为惩罚的区分：自然惩罚是根据基本等值、等同的原则，对一种错误行为的回应，目的是让孩子在这种回应的经历中，增加这方面的不可替代的经验。人为惩罚是父母或老师根据孩子的错误行为，人为决定的惩罚回应。单纯地区分二者的优劣然后再选择教育的方法，则没有什么意义。

每个养育幼儿的家庭，都会因为孩子在成长时陷入忙乱无序的情形。孩子把一盒玩具拿出来，摆得到处都是，或者把采回来的鲜花丢得到处都是，或者给布娃娃做衣裳，碎布、剪刀扔下就不管了，并且他们都会以此为乐事。那么，这时收拾这些残局的任务该由谁来承担呢？通常是由父母或长辈来替他收拾。

自然惩罚的原则是，让孩子自己去收拾，并给孩子规定一些纪律，告诉他如果还这样的话，下一次就得不到玩具或不许再去散步。这显然是一个自然的后果，没有扩大，也没有减小，孩子也能够接受。如果坚持这样做，孩子就会改掉随处扔东西的坏习惯。毕竟，家长许下的那些诺言，还是很有诱惑力的。

除此之外，还可以让孩子明白，付出劳动才能得到快乐。这样，他们就会自觉地清理被自己破坏的居家环境。

自然惩罚和人为惩罚的区分：自然惩罚是根据基本等值、等同的原则，对一种错误行为的回应，目的是让孩子在这种回应的经历中，增加这方面的不可替代的经验。人为惩罚是父母或老师根据孩子的错误行为，人为决定的惩罚回应。单纯地区分二者的优劣然后再选择教育的方法，则没有什么意义。

曾经有一个叫康斯坦斯的小女孩因为动作缓慢而受到责骂。她总是在集体活动时让别人等她，拖了大家的后腿，使得大家都很讨厌她，不愿意跟她在一起。如果采用自然惩罚的方法，则是迟到了就不再等她，让她在家里待上一两次。人为惩罚则是责骂一番，然后继续等。前者给予了她经验，后者则除了当时一点紧张感外，她什么也没有得到。那么，你觉得哪一种方法能促进她改正错误呢？

例如：一个男孩的学习用具丢了，自然的惩罚就是让他感到不方便，或扣除孩子部分零花钱来再买一个。人为的惩罚是责骂一顿，或者进行体罚，然后马上再去给他买新的。前者让孩子明白学习工具都是用劳动换来的，让他通过自己的劳动而懂得珍惜；后者则除了父母愤怒一番，孩子大哭一场，什么也没有教给他。自然，期望他能改正缺点也是一场空了。

又如，一个孩子第一次拿回了别人的东西，父母首先应当弄清楚是否经他人的同意，如果没有，则要和孩子一起送回去，若是故意的就应该和孩子一同受罚。相反，如果父母把孩子从别人那里拿回的东西保留下来，也就把孩子的坏习惯培养了起来，让他误以为别人的东西也是自己的东西，可以随意地占有。显而易见，这个行为会危害孩子的一生。

一个成长中的男孩，随着力气的增加，常常会做出一些暴力的行为，自然惩罚的方法是让他自己承担经济和伦理谴责上的后果。比如一个孩子如果打了自己的祖母，那么除了承担祖母的治疗费用外，还必须接受家庭成员的批评、指责，并要他用爱的方式请求祖母的谅解。这样的教育方法对于他来说，印象自然要深一些。也会让他明白在外面要是对外人也实施这样的行为，后果就会更严重。知道了这个道理，他的行为自然会收敛了。

自然惩罚也不完全排除父母或老师的正常做法，总之是父母或老师以某种态度明确表示对孩子某种错误行为的不满，或者坚决地让孩子对自己的错误行为承担后果，包括故意的冷淡，有原因地不满足孩子的愿望，取消他的一些娱乐或消费的权利，等等。总之，对于孩子错误的惩罚，要根据实际的情况来判断，尤其要从孩子的特性出发。惩罚行为要适合孩子的心理。

4. 不要人为惩罚或过度体罚

重要的是避免放大的人为惩罚，而不是排除人为的反应，否则孩子就会觉得委屈，有一种本能的抗拒行为。

在道德管教方面我觉得主要具有价值的并不是体验家长的要求或斥责，而是体验那些在没有家长意见干预下他自己做出的行为的后果。这样，对于孩子来说，其影响将是长远的。

真正具有教育意义和有益健康的后果，并不是家长以自封为自然代理人方式所给予的，而是自然本身所赐予的，或以自然的方式给予的。很简单的道理就是家长不太可能永远陪伴着孩子，孩子迟早是要独立的。

重要的是避免放大的人为惩罚，而不是排除人为的反应，否则孩子就会觉得委屈，有一种本能的抗拒行为。

体罚就是人为惩罚的极端表现。

所有的父母都应该明白自己绝不要凭借体罚培育孩子成才，它不应该成为主要的教育方式。单纯地迷信体罚会让家长觉得教育的手段过于简单了。

关于如何避免人为惩罚和过度体罚的问题，我希望给父母这样一些建议：

（1）严厉制止体罚，体罚在智力培养方面百害而无一利，只会毁了孩子。

（2）在道德、伦理、品质上出现重大过失时，教育者在决定对孩子施予体罚时一定要明确告诉自己和孩子，教育者也是有责任的，也应该公开地采取一些自罚的行为，让孩子知道自己为什么会受罚。因为出现重大过失，一定与教育者平时的引导有关。

（3）必须冷静地区分，哪些对孩子的惩罚是出于自己愤怒情绪的发泄，哪些是真正为了教育孩子。轻易地不加考虑地实施体罚，只会发泄自己的愤怒，而对教育没有任何益处。

（4）从小给孩子讲一些道德伦理的做法，比如尊老爱幼、尊重他人权利、基本伦理，等等。

（5）允许孩子辩解，弄清楚行为的真正动机和原因。不要把体罚当作改造孩子的利器。

（6）人为惩罚，由于完全是一个强者对另一个弱者所施加的行为，一定要注意不伤害孩子的自尊，应在之后及时给予爱抚、安慰和分析。

5. 如何应对孩子的"严重错误"

人性中有一条规则：人们得不到较高的足够的满足，就会寻求较低的低级的满足；没有同情中的乐趣，就会寻找自私的乐趣，这是人的本能反应。

在培养孩子道德方面我主张使用"自然惩罚"，但作为父母仍然会提出这样的问题：对更严重的错误行为怎么办？经常说谎怎么办？发生偷窃行为怎么办？有暴力倾向怎么办？欺侮更小的孩子或弟弟妹妹怎么办？有时我听了都觉得毛骨悚然：这是孩子还是罪犯？

有些性情急躁的家长，一见孩子闯了大祸，犯了严重错误时，就会大吼道："我把整个心都掏给了你，你却这样不争气，如此作孽!"怒发冲冠，火冒三丈，甚至会对孩子持之暴力行为。

的确，我们无可否认，父母面对这样的孩子，都会既痛心又无奈。有些孩子会出现这类问题，甚至一般教育方法不能解决。但我们为什么不去深刻了解事情是如何发生的呢？

首先，我们分析这些行为的原因。这些行为，在一般的家庭很少出现，也不会那么严重，毕竟，孩子只有那么大，即使有一点毛病，也不至于到了让家长手足无措的地步。所以，很多孩子的严重过失是因为父母不适宜的管教所引起的。

父母不适宜的管教会使他们感到厌烦，经常的人为惩罚会使得他们孤独、叛逆、同情心麻木。

如果一个家庭中的孩子相互虐待，通常反映了他们从大人那里受到了虐待。一部分是直接的模仿，一部分是由于受到责骂，孩子脾气见长，想伺机报复。

其次，我们要认识到，即使在完美的教育中这种情况也会偶尔发生，毕竟，孩子的心智不健全，还不太懂得什么是正确的，什么是错误的。当遇到这种情况时，家长不需要大发雷霆，仍然可以用自然惩罚的方法去管教。而大发雷霆其实是于事无补的，与其这样，还不如耐心地采取有效的教育手段。

最后，父母应该尽量营造一个民主宽松的家庭气氛，努力使爱的力量凸显出来。每个人都知道，当他伤害的是他的敌人时，他是不会痛苦和追悔的，甚至还会暗中高兴，为自己能战胜对手而兴奋；当他伤害的是一个他所爱的人，他并不会活得快乐，相反，他的内心是自责的。由于父母毕竟对子女有日积月累的情感，越是这样，所施加的影响就越有力量。这就是爱的潜在功能！

当然对待这样的孩子，父母需要花费更多的精力和爱心，但从拯救一个孩子和父母所承担的责任来说，这是值得的，也应该这样做。孩子是家庭的未来。家长的付出，不就是为了他们的健康成长和有出息吗？想想这些，又何必有畏难情绪呢？

毫无疑问，如果用自然惩罚的方式，就可以避免他们因冲动而犯更严重的错误。所以我们要遵循，要有耐心。人性中有一条规则：人们得不到较高的足够的满足，就会寻求较低的低级的满足；没有同情中的乐趣，就会寻找自私的乐趣，这是人的本能反应。所以，对于家长来说，等到孩子堕落的时候还没有好的方法，就会后悔莫及。

6. 给孩子营造和谐的家庭环境

孩子大部分的时间是在家庭中度过的。家庭环境，包括父母的言行举止，对孩子的影响远远超过学校老师的教育。

几乎所有的教育学家都认为，子女的道德和品质受父母影响很大，倒不是说遗传的原因，而是因为平时家庭会有潜移默化的影响。

坏的环境毁掉一个孩子是相当容易的。特别是在道德和意志、品质方面，对于还处在成长阶段的孩子来说，是极容易受外部环境影响的。

同样，文明的家庭对孩子的影响，和粗野的家庭对孩子的影响也会产生不同的结果，这是可想而知的。

孩子天生爱模仿，即使是他开始觉得不对的事，但多次接触后，也会变得麻木，最后很自然的就染上恶习。这一点，对于家长来说，尤其需要注意。

环境影响就是一个无形的容器，什么样的环境就能塑造出什么样的性格品质的孩子。而家长和教育者的任务就是为孩子营造一个好的环境。

（1）让孩子远离残忍的环境

人类在道德上最大的美德，就是对生命的仁慈心。

小孩子天性中本来是喜爱动物的，但如果他经常看到屠杀可爱动物的过程，他就会渐渐变得麻木无情，到最后就会亲自捉刀，去猎杀动物。

如果周围有人把这当作合理的事和勇敢的行为，则会让孩子争相去效仿。尽管人们很多时候不得不屠宰动物以获取食物，但如果让一个孩子经常看到这个屠杀动物的过程，对他一定会有不良影响，因为这时他还没有足够的知识去辨别和分析这种行为是否有无必要。

如果一个孩子的仁慈心被环境所磨灭，这无疑是作为一个人最悲哀的事情。

这与在山里狩猎是不一样的，因为山里的猎户只有靠此才能生存，这一点有必要对孩子进行说明。

我们目前还无法向全社会去倡导或通过立法来反对屠杀动物，但我们至少可以让孩子远离这种环境，不让他们的心灵受到污染。

（2）让孩子远离失去法律法规和道德廉耻约束的环境

无论什么时代，这种无视法律，没有道德廉耻的事总是存在的，完全消除这种事情也是不可能的。但绝不是说，对于这种不可避免的存在就理应融进这样的环境。

明智的父母总会给孩子说明这种现象在伦理和宗教上的不合理性。比如一些色情场所，比如一些家庭的不道德行为，等等。即使努力很微小，但持之以恒还是会给孩子在头脑中筑起理智的篱笆。

（3）让孩子学会分辨丑恶，与之保持距离

每一个孩子都来源于不同的家庭和家族，所以，他们所受到的影响也不一样。看到别的孩子由于家庭教育的原因已经染上恶习，父母应该让自己的孩子与他们保持距离。孩子由于太小，缺乏足够的认识和判断能力，容易染上家庭成员同样的恶习。平时的教育就要让孩子知道什么行为是坚决不能做的，做了需要承担什么后果。警钟长鸣有时所起到的作用是非常大的。

孩子大部分的时间是在家庭中度过的，家庭环境，包括父母的言行举止，对孩子的影响远远超过学校老师的教育。

有的家庭尽管清贫，地处僻远，但和睦的气氛和纯朴的家人使孩子养成了良好的道德、伦理观念。他们在社会上的表现不差于家庭环境好的孩子。

有的家庭总是充满各种矛盾、冲突、斗争，各种自私、虚伪、狡诈的恶行充斥其间，孩子自然会深受其害，更可怕的是会染上这些坏毛病。

一般来说，如果孩子看了大量启发智慧和指导德行的书，或遇上一个好的导师，他会认识到这种环境的丑恶的一面，就会抛弃这种环境。而大多数孩子则渐渐在这种环境中沉沦。

我们发现，许多身处恶劣环境的孩子，由于寄读等原因离开家庭后，如果所在学校风气较好，老师中又有一些品德良好的人，他就会成长为与本来恶劣的家庭完全不同的高尚的人。这就是教育的力量，也证明了人是可以教育好的。

7. 父母和老师是孩子成长的引导者

父母的一切美好的品质和良好的习惯都会从孩子身上反映出来。这些德行和习惯无论多么微小，都会像星光一样永远保留在孩子的记忆中。这些美好的德行和习惯，不仅影响了父母自己的人生，而且也造就了孩子的一生。

在道德和品质上，孩子很容易受父母和老师这些最亲近的人的影响。一方面是由于孩子爱模仿的天性，另一方面则是由于他的行为很自然地会得到来自父母或老师的评判，而这种评判大多是依据父母或老师自己的道德标准作出的，如果这种评价是一把刻度错误的尺子，有时孩子做了正确的事，但得到的却是错误的评价，那么他下次就会很自然地去做错误的事了。

父母是孩子的启蒙者，父母的一举一动，对孩子来说都有着重要的影响，甚至会影响孩子的一生。孩子总是具有很强的可塑性，耳濡目染、潜移默化的作用可以塑造出与以前人们印象中完全不同的孩子。

父母良好的行为会对孩子起着好的作用，父母的不良行为更容易让孩子学坏。

"教育孩子从教育父母开始"，这句话再中肯不过了。

这样的例子太多了，简直就是一本生动的教材，那些乐于请教，经常到教堂作祷告和听布道的人，他们总是倾向于安宁、平静、快乐，他们的孩子也总是受到良好的熏陶而变得有教养、聪慧起来。而这样的孩子，也喜欢在好的环境中待着，使得自己的性情得到进一步的磨炼，如此循环不已。

而那些拒绝学习，或整天为生意、农场、店铺忙碌的人，尽管他们的子女有较好的家境，却往往缺少良好的道德和品质训练，最后成为市侩一类的人。

当然那些贫困而又从来不学习的家庭，丈夫酗酒，妻子颠倒黑白，他们的孩子就会完全脱离教育。要希望在这种状况下培养孩子良好的道德品质，是很困难的。

他们的孩子，幸运的或许会遇到一位富于爱心和同情心、富有教育智慧的老师，则有可能把他从恶劣的家庭环境中解救出来。

父母的一切美好的品质和良好的习惯都会从孩子身上反映出来。这些德行和习惯无论多么微小，都会像星光一样永远保留在孩子的记忆中。这些美好的德行和习惯，不仅影响了父母自己的人生，而且也造就了孩子的一生。

万事万物，有因必有果。那么，孩子的道德、品质会受父母的影响，就是很自然的事了。

一个自私的父母，不可能希望自己的孩子具有助人为乐的品质，而且，他们的孩子可能会变本加厉。

一个虐待自己父母的父母，不可能得到自己的孩子的尊重，而且，大多数情况下这些父母会在年老体弱时受到同样的待遇。

一个恶贯满盈的父母，如果要期望孩子有美好的德行，简直比在岩石上种出稻谷还要困难。这就是环境的作用。因为在许多情况下，孩子都是在学习自己身边的榜样。

当然，这也不是绝对的，因为除了受父母的影响外，孩子还会受到来自书本和其他人的影响，随着自我教育能力的增长和心智中善和美的引导，他们会渐渐形成自己的判断能力，从而抵御消极的家庭影响。

让我们来看看另一些父母是如何影响他们的孩子的吧！

1. 他们不求回报地帮助那些比自己弱小的人，以扶助弱小为荣。

2. 他们勇于承担责任，率直、真诚，他们的孩子就很少说谎。

3. 他们善于谅解别人，他们的孩子就学会了宽容。

4. 他们经常对生活中细小的善行充满感恩的情怀，他们的孩子就会对生活满怀欣慰。

5. 他们勇敢地面对生活的各种失败、不幸，他们的孩子也会顽强地生活，勇敢地面对困难。

6. 他们时常激励自己进取，他们的孩子也会因此而得到鼓舞，对学习生活充满激情。

7. 他们对各种事物都表现出极大的耐心，他们的孩子也会一点一点地去吸取。

事实上，这种父母和老师所表现出的力量，会感召着孩子走向真理。

关于父母、老师在孩子道德和意志、品质培养中的巨大作用，无论怎样描述都不过分，好的和坏的都同样如此。

8. 用笔记录对孩子的要求

经常让孩子感受到父母在精神上而不仅仅是物质上关注他时，他就会渐渐留意心灵的成长。爱是什么，实际上就是父母为孩子在精神上所做的一切。

尽管孩子认知世界是从具体到抽象，从简单到复杂，但我仍认为需要采用明确告知的方式告诉孩子在道德和品质方面你希望他怎么做，而不希望他怎么做。毕竟，学坏容易学好难。你要明确告知孩子自己是否会把它记录下来，并提供精神和物质的奖励。

一次，小斯宾塞迷惑不解地问我："我希望成为一个有教养的人，受大家尊重和喜爱的人，但你平时说得太多，我不知道该做哪些?"

此时，我恰好思考"父母怎样让孩子明白道德品质的标准"的问题。于是，我明确地告诉他成为一个有教养的人需要具体做什么的时候，他激动和愉悦的脸上显示出他的自信。

我写下了这样的一些话，并把它贴在小斯宾塞的卧室里。

① 我希望我的孩子尊重他人劳动价值。

② 我希望我的孩子具有仁慈心，能安慰别人的痛苦。

③ 我希望我的孩子勤劳而勇敢。

④ 我希望我的孩子懂得感恩并回报他人。

⑤ 我希望我的孩子能具有足够的自制力。

⑥ 我希望我的孩子既乐于学习又乐于玩乐。

⑦ 我希望我的孩子有计划地养成坚持做一件事的习惯。

开始，小斯宾塞并不完全理解这些文字，这很正常，要让一个孩子独自理解这些标准，是违反常规的。因此我在生活中逐渐遇到类似的事情，就结合实例给他讲解，让他知道什么是正确和错误。渐渐地，他就能完全理解了，也会照着我的期望去做。在这个过程中，他难免会犯错误，对于他犯的错误，我基本不会对照着这些文字来惩罚他，相反，只要他做了一点类似的好事时，我就会对照着去表扬。

那个记录他好行为的笔记本，一直保留到现在，使他感受到我对他的尊重，也让他体会到有一个心灵一直在默默地陪伴他。

经常让孩子感受到父母在精神上而不仅仅是物质上关注他时，他就会渐渐留意心灵的成长。爱是什么，实际上就是父母为孩子在精神上所做的一切。

来看一下近些年我记录小斯宾塞的笔记吧！

8月1日，小斯宾塞在屋后的花园里发现一只猫，它又瘦又可怜，小斯宾塞从家里拿出一块肉喂它，它发出喵喵的感激之声。

8月4日，今天小斯宾塞回来说，他阻止了几个小朋友用水灌蚂蚁窝。他还说，蚂蚁也是生命，也有爸爸妈妈，假如有一天有人用水来淹我们家，那岂不是同样可怜吗？

9月10日，今天小斯宾塞在学校被一个大个子同学打了，他很伤心。但当有人告诉他用石头去砸那个孩子的脑袋时，小斯宾塞并没有这样做，他说，万一我把他打死了怎么办。可爱的小斯宾塞不是没有勇气，而是对人有爱心，这让我太感动了。应该说，我的教育有作用了。

10月7日，今天晚上雨下得很大，我们从镇上回家时，看见一个年迈的乞丐躺在铁器铺的屋檐下，可能是生病了。回来后小斯宾塞一定要给他送面包和衣服。真没想到，我可爱的孩子，小小的身体竟然有如此巨大的善行和力量，即使风雨也无法阻止！

10月20日，小斯宾塞开始存钱了，这真是一件了不起的事。如果他懂得学习和善行也像存钱一样，只要每天坚持做一点点，一周、一个月、一年下来，就会存很多很多。

每隔一段时间，小斯宾塞都会要求我念笔记本上的内容给他听，他认识很多字后就开始自己看。他也许没有想到，自己平时做的点滴善行，都会被记录下来。原来这些行为竟是自己做的，这种喜悦和鼓励比得到其他实质性的奖赏都更让他高兴。

在我看来，在生活中真正促使他们去克服困难，完成伟大而有益的事情，是他内心良好的品质，就像中国的一句古老谚语："莫以善小而不为。"后来小斯宾塞真的成为了一个品德高尚、有目标、有理想并会快乐地计划实践的人。可以说，这些点滴的善行就是促进他发生质变的根本。

这是我一生中感到最幸福的事情。

9. 不要为了成为道德楷模而缺失自身人格

我认为，鼓励孩子的善行是好的，但不要把孩子作为楷模，这样做，只能适得其反。

我从来不希望自己的孩子成为道德的楷模，尽管我从来都注重对他的道德教育。因为对于一个孩子来说，成为道德楷模很可能会培养他虚假的人格。而且，我也认为孩子是不应该成为楷模的，因为他自身的可塑性还很大。如果要强行把孩子塑造成某种标杆，那就是扼杀了孩子的天性。

任何作为楷模的东西，无一例外地会得到很多荣誉、关注，甚至不切实际的赞扬。这样会使孩子脱离了现实，而生活在虚幻的现实中，并认为这样就可以得到一切（而现实则完全不是这样）。他会刻意地压抑自己的愿望，不顾一切地去刻意表现自己的行为，会自然地希望每个行为都得到回报，认为这是对自己牺牲的赞赏。如果没有得到赞赏，则会加倍失望。有些愿望因为从未得到过满足，一旦有机会就会沉湎于此，有的则会偷偷地去满足。一个好端端的孩子就这样被毁掉了。

良好的道德行为，应该是生于内心的愿望，不是为了符合某种标准，得到某种赞许而产生。在孩子中树立道德楷模，这种行为的动机不外乎是激励善行，但结果大多不好，可以说是与期望背道而驰。

我认为，鼓励孩子的善行是好的，但不要把孩子作为楷模，这样做，只能适得其反。

事实上，生活的经验和心理学的研究都告诉我们，许多过早被树立为道德楷模的孩子，不但他们以后的生活会不幸，而且会渐渐丧失产生道德行为的冲动。那些后来做得非常感人、值得称道的行为的，反而是一些一般的孩子，这难道不值得深思吗？所以，我们要避免对孩子的刻意拔高。

在对小斯宾塞的教育中，我希望他偶尔也犯一点小的错误。因为只有这样，他才会有更多正确的体会。

我的格言是：好坏由别人评价，善恶则自在心中。

10. 约束孩子行为的几种方法

管教的最高目标，应该是培养一个能够自治、自省、自我教育的人。

（1）尽量使用自然惩罚的方式

真正成长为一个能够自我管理、自我教育的人需要孩子自己体验、总结出某种行为的错误性。

（2）不要人为的惩罚

父母赞许或者批评也是对孩子行为的自然后果。我不赞成人为惩罚代替自然惩罚，但这并不是完全不作出反应，甚至是视而不见。在实际中，这也是不可能的。应该运用这种反应来作为自然惩罚的补充。

（3）不要发号施令

命令只有在其他方式无效的情况下才能使用。

一般情况下，命令只顾及父母的利益，而不是对孩子的有意教导。孩子如果服从，也是不情愿的。他会在脱离父母的目光时变本加厉。

命令只有在重大的、可能对孩子自己或其他人造成危害时才使用。而如果真的发出了就不要朝令夕改。

（4）管而不管，不管而管

管教的最高目标，应该是培养一个能够自治、自省、自我教育的人。

第十二章 好行为好习惯受益一生

人的好习惯是他一生最好的积蓄，你可以随时支取它的利息，受用一生。一个人的坏习惯就是在透支其财富，会毁了他的前途。

习惯的养成并不是一朝一夕的事，一旦养成了一个良好的习惯将会使孩子受益终生。我们都知道养成良好的习惯对孩子的自身是很有好处的，但是要养成良好的习惯并不是一件轻而易举的事，因为人并不是单纯地机械地受习惯支配，还要受自己思维和行为惯性的制约。也就是说，要管好自己的行为就要管好自己的头脑。

1. 行为习惯的养成

习惯的力量——在不经意中会影响人的一生。

习惯是一种长期形成的固定的思维模式。习惯是由一再重复的思想行为形成的。

习惯具有很强的惯性，像快车载运上的物品一样。人们往往会不由自主地启用自己的习惯，无论何时都是如此。

习惯的力量——在不经意中会影响人的一生。

那么，习惯是怎么养成的呢？习惯产生于每天不停的重复！

有的人走路很快，是因为他长期以这样的速度行走。习惯于走路快的人，他的步伐有力，总能迅速到达目标，于是就促使他经常以这种步伐和频率行走。

有的人习惯用右手，是因为他长期使用右手。习惯用右手的人，他的右手力量会比左手大，于是由于方便和力量的原因，他会继续使用右手。

几乎所有的习惯都开始于兴趣，然后才与一定的目的、目标相结合。当这些有趣的事与实现某一理性的目标越来越同步，则有趣的事情被固定下来，成为主动选择的习惯，也就影响了他的行为。

为什么有这样而不是那样的习惯？其中最主要的原因来自于引导。引导是人生最初的导师，它总是把外在的目的和被诱导者内在的需求兴趣结合起来，它深知任何人对快乐的本性需求和对不快乐的本性排斥，它深知奖励与惩罚、赞誉和批评对人的影响。正是因为诱导的原因，习惯开始了它的第一次的征途，接着是第二次，第三次。到最后，就形成了一种惯性的作用而不会让人感觉到不适。

最成功的引导是使被诱导者从中获得自我认同，不是来自外界而是来自内心的自我认同。明智而聪明的父母，常常会根据孩子的兴趣点，找到诱导的时机和内容。这比一千遍的要求、说教要有用得多。

2. 培养孩子专注的习惯

一旦形成了专注的习惯，孩子的心智潜能是非常巨大的。我非常了解这种习惯对他以后学习和工作的作用。

培养专注的习惯，应该从小就开始。

我观察到，孩子在现实的求知行为过程中，缺乏专注是十分常见的。他们浅尝辄止、兴趣转移、东游西荡几乎是每个孩子都可能表现出的状况。这也说明，多数孩子的天性都是一致的。

一方面，专注与孩子好动、见异思迁、喜新厌旧的本能是自相矛盾的；另一方面，专注又时常表现在孩子感兴趣的事情上。

但总体来说，专注是与一般特点相矛盾的，需要通过诱导和重复来使他们养成专注的习惯。

小斯宾塞从7岁起，我便开始培养他集中注意力的习惯，这一点后来使他无论是在学习上还是生活上，都受益终生。

我的计划分为这样几个方面：

一是通过一些小实验，启发他明白专注的含义和作用；

二是通过几件有趣的事，培养他的专注习惯，并让他体会专注的快乐；

三是把一般的专注引申到求知上；

四是在今后的生活中不断重复。

第一次，我和小斯宾塞出去郊游野炊。

小斯宾塞一听说要在外面野炊，简直高兴得不得了。到了德文特河的上游，我们已经饥肠辘辘。于是在一块大石头后面搭好了灶台，捡来了一些干草和枯树枝，准备生火做饭。但是，我们都忘记了带火柴。怎么办呢？小斯宾塞急得没了主意。我提出一个想法，要是能利用太阳光把干草点燃就好了。小斯宾塞赶紧把干草放在太阳光下面，等了很久，干草只是被晒热了，并没有着火。我又提议，要是能把太阳光长时间地集中在一点上，草一定会被点燃。小斯宾塞完全同意这个办法，但他认为这是不可能的。正当他有些泄气的时候，我从背包里取出一个凸透镜，用石头固定下来，然后把干草放在焦聚的一个亮点上，开始，干草也没有反应，过了一会儿，又过了一会儿，干草发出了"噼啪"的声音，然后冒起烟来，小斯宾塞兴高采烈起来。之后，我们美美地吃了一顿。小斯宾塞一直很好奇，这个镜片为什么会把草点燃呢？我告诉他，点燃干草的不是镜片，仍然是太阳光，因为它才有热量。镜片的作用是把光集中在一点上，并长时间地照射，才把草点燃的。我顺便说，这个道理在很多地方都可以用，人也可以，只要人把注意力长时间地集中在一件事上，也会产生意想不到的效果。我说，比如你想记住好朋友的生日，只需要集中注意力在脑子里想几遍，就行了。

小斯宾塞第一次朦胧地明白，什么是专注。

第二次，我们去观察蚂蚁。

这是小斯宾塞最喜欢做的事了。我提议这个星期天我们要把蚂蚁王国的情况彻底搞明白。其他的事我们一件也不做。即使其他小朋友来约你出去玩儿，也不去。小斯宾塞欣然同意。我准备了十张小卡片，还有一本关于昆虫的书。每一张小卡片上都有一个问题，按这些问题，把有关蚂蚁的所有资料，全都查出来，抄上去。中午的时候，邻居的小威尔士叫他出去玩儿，他也谢绝了。就这样，我们花了将近一天的时间，把有关蚂蚁的情况全都弄清楚了。

最后，我问他快乐吗？他点点头说，这太有趣了。

再后来，我就经常让小斯宾塞练习一段时间只做一件事。一本书没有看完，不去看第二本，除非他决定放弃；一幅画没有画完，不去画别的；做一件事时，不去想其他的事；等等。多次以后，他渐渐养成了专注的习惯，他总能从专注地做一件事中找到乐趣，也渐渐没有了往日的那种浮躁，心总能平静下来。只要一开始决定做一件事，他就会安静下来。

当然，我也不去限制他对其他事物发生兴趣，但总鼓励他在一段时间做一件事情，或对一个东西感兴趣，并把它彻底弄明白。

一旦形成了专注的习惯，孩子的心智潜能是非常巨大的。我非常了解这种习惯对他以后学习和工作的作用。

值得特别谈到的是，也许训练孩子专注，一开始所做的事，并不是父母或老师所希望的知识。但不要忘记，学习任何知识，都不会有什么害处。一方面是为了掌握知识本身，另一方面是在这个过程中使孩子的心智受到启发和训练。就像要让孩子去抓住一张混杂在一堆卡片里的某张卡片一样，他虽然一开始抓到的也许并不是你期望的，但在这个过程中他的手指和思维、感知能力同样得到了训练。到最后，还是能抓到你所期望的。

所以，培养孩子专注，一开始应该选择他感兴趣的，而不是父母自己感兴趣的事。这样做，会很容易达到培养专注的目的。

3. 引导运用知识和生活实践的习惯

学会的知识如果不会运用，那么知识就会僵死，既不利于调动孩子的兴趣，也不利于知识的自我衍生，只会培养出无用的书呆子。

只要研究一下所有传统手工艺，以及许多家庭技艺的传授过程，我们就会发现一个有趣的现象：许多非常复杂的工艺技术和非常微妙的工艺经验，按道理是非常不易于传授的，但结果却出乎意料地在他们孩子手中完美地得以传承。这看起来无法实现的事情，却得到了完美的继承。

是什么方法使他们的孩子对这些技艺感兴趣？又是什么方法使他们的孩子有效地学习并熟练掌握这么复杂的技艺呢？

运用，正是"运用"这一方法使兴趣与实用、知识与目的结合起来，从而达到了意想不到的教育效果。

学会的知识如果不会运用，那么知识就会僵死，既不利于调动孩子的兴趣，也不利于知识的自我衍生，只会培养出无用的书呆子。

运用，至少有三个必然的结果，应该达到至少三个结果：

一是调动孩子的积极性，增强他们的兴趣和自信心，让他们乐于为此付出巨大的代价；

二是使已有的知识得以重复进而充分理解和掌握，为掌握这些技艺打下了基础；

三是使这些知识产生新的知识，找到掌握和发扬的窍门。

还有什么比这更让父母和老师们高兴的呢？所以，要达到让孩子成材的目的，也不是什么太难的事。

我认为知识如果没有自我发现的特点是不会掌握得很牢固的。

我培养小斯宾塞学会运用，是从下面几件事开始的。后来我检查自己的教育成果，发现除了使小斯宾塞感到其乐无穷之外，效果也令人吃惊。

小斯宾塞最不愿意做，也感到最困难的事一度是"写"。他习惯于想象，习惯于畅谈，思维可以天马行空，也很有闪光点，但就是不愿写。怕写、烦写，一说起写就愁眉苦脸，能拖则拖。

　　怎么办呢？任何一个研究过教育的人都知道：写，是思维的训练过程，写是记忆的重复。如果不把自己思想的闪光点写下来，要不了多久就会完全忘记的。

　　于是，我想到了"运用"。

　　正好有一段时间，我的嗓子有些沙哑，医生建议我少说话，否则有可能失声。我于是就抓住这个机会，和小斯宾塞玩起了字条游戏。所有的日常交流，都只能通过写来实现，否则就达不到目的。这时小斯宾塞只有6岁多，能写的单词和句子有限。但为了生活，必须写。一开始，我们只写简单的意思，比如"衣服该洗了""今天中午吃什么"，等等。到后来，我们的字条渐渐涉及对一些事物的评价、看法。每次写的句子越来越多，越来越复杂。他出现语法错误时，我就在字条上予以纠正。

　　一个月后，当我的嗓子已完全恢复时，小斯宾塞的书面写作能力已大有长进，而且不用特意要求，他已经习惯把许多东西写下来。

　　我想，如果不是因为运用，就是花上半年时间，他也不会对书写这么感兴趣，更不会有现在的书写能力。再后来，我们经常通信，只是在家里，也会写点什么。这个习惯一直保持到他大学毕业。

　　为了培养他的阅读习惯，我也费了一番心思，我向他提出了一个建议，我们双方为对方每天读一段书。

　　这也是他最感荣幸的事情。这样我们双方都可以用劳动来换取享受，既公平又快乐。他读错的地方我会纠正，并要求他做个记号，这样就可以避免下一次再读错。这样，每天晚饭后，或者睡觉前，就是我感到最舒服的时光。我会惬意地躺着，充分享受这段美好时光。所读的内容有报刊上的文章，也有书籍，尤其是爱默生的一些随笔，这对我们俩来说都是美和智慧的享受。阅读，使小斯宾塞的理解力大大增强，也使他在快乐中获取了知识，眼界也开阔了。不过，我从来不要求他读那些言之无物、低俗浅薄的书籍。因为这纯粹是浪费时间，没有任何用处。我不会为了增加孩子的阅读量而随意拿一些书籍凑数。

没有比这种"运用"更让双方愉悦的事了。

许多时候，孩子们无目的地四处闲逛，是因为找不到更有乐趣的事做。其实他们这种时候并不快乐，只是为了打发无聊的时间而已。有时不得已与一些年龄比自己小得多的孩子一起玩耍之后，心里也是空虚的，得不到任何益趣。所以，只要引导他去做更有乐趣的事，他一定很高兴。而且，也一定愿意为此而付出劳动。

在小斯宾塞 8 岁的时候，我正式聘用他做我的资料员，每周一便士。我交给他的工作是帮我收集报刊和学校的所有与教育有关的资料，新闻报道、学术文章。方法很简单，他先把这些资料找出来，然后按重要程度作排列（这种重要程度他完全可以自己来作判断）。这样他就必须花时间去仔细阅读。

开始他只是收集，后来他逐渐会对一些事件发表看法，有的很幼稚，有的出人意料，但我都一律表示鼓励，从不说他的想法是微不足道的。自由言论是认识真理的前提。每周一便士归他自己所有，自己支配。每当他拿到薪水时，自豪和兴奋溢于言表，因为，这是对他劳动的肯定。"运用"，已使小斯宾塞在知识积累和用知识获取新知识方面取得了很大进展。除此之外，在品质、习惯方面也收到了效果。从某种意义上说，他的确提供了我必要的帮助，使我减少了工作量，可以去思考和做别的事情。

其实，这种运用几乎在每个家庭和学校都可以办到，需要的只是一点点教育观念的改变。如果你在经商，就可以让孩子为你收集一些商业方面的资料。不管开始多幼稚，这毕竟是一个有益的求知过程。任何人的经验和成功都是从无知开始的。

"运用知识"成了小斯宾塞的座右铭，这使他总会去研究与某一学科相关的现实状况及原因。

4. 养成每天积累的习惯

人生活在世界上，并不是每时每刻都是激情澎湃、愉快无虑的，相反，很多时候我们都是处于平淡安宁的生活中。如果忽视这种平淡，那么就会失去生活的意义。

很多小孩都有大手大脚的习惯，尤其是家庭富裕的孩子。小斯宾塞也不例外。为了帮他改掉这个毛病，我准备了一个储钱罐诱导小斯宾塞。告诉他钱是积少成多的，只要学会节俭，不乱花钱，终有一天他能集够一笔钱买奢侈品。他听了以后，开始兴致勃勃地存钱了。存钱只是一件简单的事，把钱扔进储钱罐，摇一摇，叮叮咚咚响很是鼓舞人。

这一方面给了孩子积累的兴趣，另一方面给了他们看到自己积累的东西时的成就感。如果把知识的积累也能变得这样有趣，那教育就太容易了，几乎不需要去费什么神了。

一次，我向小斯宾塞提出了一个建议，我说，仅仅把钱存起来，而不知道这些钱是怎样来的，一共有多少，有没有丢失，好像没什么好玩的，不如做一个记录，看自己是在哪方面省的钱，看到实录的储钱过程更有趣。小斯宾塞想了想，觉得有道理。

为此，我为他准备了许多可以长期保存的小笔记本，和他一起把它们装饰得很美观。

习惯了"记录"，很快学习上也能使用"记录"了。我选择的是许多孩子都感兴趣的昆虫学。小斯宾塞每了解一种昆虫，就把知道的和学到的记在自然笔记上。开始，他对此也有些不习惯，问我记录这有什么用，我说这跟储钱罐的道理一样，所不同的是你储存的是知识。把学到的东西都记录下来，时间久了就成了取之不尽的财富。

小孩子喜欢玩的游戏之一就是老师和学生的角色游戏，谁都喜欢扮演老师，因为可以借此机会炫耀自己的学问，给大家大讲一通，还备受尊敬。我就让他们玩这个游戏。每次轮到小斯宾塞的时候，他就拿上他的笔记本，头头是道地讲上一通。因为有笔记本的帮助，他的知识全面，能讲出许多孩子不知道的东西，所以，总会讲得让别的小孩子羡慕不已。

凡事开头难，可一旦养成了习惯，就不再困难了。时间一长，小斯宾塞积累知识的习惯便慢慢养成了。用不着你过多地去提醒他，他都会在学到新东西时，乐此不疲地为笔记本每天增加一点点内容。

在小斯宾塞年龄稍大一点以后，我常常对他说，知识和善行一样，是一点一滴积累的，每个人的财富和人生幸福、友谊等也是靠点滴积累的，要有静下心来做点滴小事的习惯，只要是发自内心，就一定能发现其乐趣无穷。

人生活在世界上，并不是每时每刻都是激情澎湃、愉快无虑的，相反，很多时候我们都是处于平淡安宁的生活。如果忽视这种平淡，那么就会失去生活的意义。所以，我们要善于在平淡中发现乐趣。积累知识无疑是其中最有意义的活动。为了使这一习惯得以稳固下来，我还鼓励小斯宾塞经常把过去记的笔记本拿出来整理。破损了的，把它修好，有新认识的，又加上去。这样，逐渐把小斯宾塞的注意力吸引到更有趣的事情上。

5. 养成有自己主见的习惯

我们要告诉孩子，选择，也就一定意味着放弃另外一种可能，只有放弃，才是尊重自己的选择。只有放弃，才能集中精力去完成所选择的任务。在成人的经验中，我们都明白，一个人以后的生活幸福与否，成就大小，不是取决于他是不是聪明、幸运，而是取决于他是否懂得选择，并为之付出努力。

命运就是由无数次选择和取舍而构成的。知识带给人的最大好处是使人在处于选择的关头时，能比别人的选择的可能性更多。

144

每一个人最终都会有所选择和取舍，因为二者常常不可兼得，但选择前的犹豫和选择之后的后悔是常有的。而大多数情况下，会因此而影响心情，使自己陷入接下来的模糊不清的坏情绪中。这其中的原因有很多，如知识储备不够，经验不足以及没有养成自己做主的习惯，总是听从别人的劝告和建议。

　　孩子们同样也经常面临选择，也常常会因为不明白选择的道理而困惑。10英镑，是买这个小木偶呢，还是买那个糖果呢；星期六，是玩以后再做功课呢，还是做了功课以后再玩，等等。可以说，每一次的选择后，都会让他们感到后悔，觉得自己放弃的才是最适合自己的。

　　小斯宾塞开始也一样，常常为不知如何选择和不明白选择的含义而苦恼（这是成人也常有的表现），他总会说"假如我当时这样，假如我当时那样"。总是觉得自己的失误而导致失败和不开心。

　　我告诉他说：孩子，没有假设，生活就是取舍。重要的不在于去假设，而是对自己的选择要满意，一旦确定了自己的选择之后，要为之努力，然后充分享受选择所带来的快乐。这就是生活！

　　小斯宾塞10岁的时候，发生了一件痛苦的事情：镇上的公共图书馆因为资金的原因关闭了，许多孩子都没有书看。

　　一个偶然的机会，小斯宾塞发现还有很多的书堆在地下室的库房里。他回来后告诉我，这些书足够开一个图书馆了。我告诉他，开图书馆必须有场地，还必须得到镇议会的同意。这些都是很烦琐的事务。但你如果愿意干，我会支持你，只是一切得靠你自己。小斯宾塞有些犹豫了，干，还是不干，孩子面临着选择。

　　一周以后，小斯宾塞就决定自己干，让我把他带到镇议会。议员们耐心地听完他的话，都对他的讲话大吃一惊。镇长表示，他们需要讨论一下。在他们的想法里，认为这也许是孩子一时的热情，拖一拖，热情也就没有了，不必为此事大费脑筋。

　　回家后，小斯宾塞问我，议员们会同意吗。我想了想，看着他说："你真的决定了吗？"他肯定地点点头。我说："按你的选择去做吧！"我告诉他官僚机构一般对此事的处理就是拖延，拖到你自己都厌烦时，这事就算过去了。以后真有人问起来，他们也会说是当事人自己放弃了。

听了我的分析，此后，小斯宾塞每天晚上都会给镇长打一次电话："我的请求你们同意了吗？"但镇长每一次都告诉他，还没有。就这样，小斯宾塞也不气馁，他继续打电话，连打了几个星期的电话后，镇长开始不得不重视了，他想，也许这孩子的这种想法并非一时兴起，议员们也都同意了，但提出了苛刻的条件：一切都得小斯宾塞自己干，没有经费、材料，所有的这一切都必须由他自己去负责解决；图书馆办成后，必须由成人来管理。小斯宾塞同意第一项，但拒绝第二项。他对议员们说："既然成人们没有给我帮助，我也不需要成人来管理。"他还说，如果不同意的话，他会每天给一个议员打一次电话。最后，议员们让步了。

接下来，小斯宾塞开始了他艰苦的工作。他找来了他的好朋友，我和几个邻居也一起帮他收拾。这是一个又暗又潮湿的地下室，而且很脏，就连我们这些成年人都觉得难以忍受了。

第一天干完活回来，小斯宾塞抱怨道："这个地下室太脏了。"我看看他说："放弃吗？还是继续干？"他像被激怒似的说："继续干。"

第二天，一个邻居给地下室安上了电灯，还有几个小斯宾塞的朋友的父亲搬来了书架。平时总爱唠叨的桑德斯太太还在墙上挂上了墙布，桌上也铺上了桌布。一个崭新的图书馆就这样在我们的劳动中诞生了。

开放的时间是每周二、四，下午4点到6点。小斯宾塞每到这个时间总会坐在图书室。不断有人送来一些旧书。小斯宾塞没有为图书馆制定苛刻的规则，甚至借书的人都不需要借书证，因为小斯宾塞对每个人都了如指掌，他只记下借书人的名字和书名就行了。

开始一切还算顺利，但冬天来了，没有暖气的地下室寒气逼人，几乎没有一个人来借书，只有小斯宾塞和他的朋友干坐着。小斯宾塞回来说："太冷了，没有一个人来借。"我又看着他说："想放弃吗？"他轻轻地摇头，坚定地选择坚持。后来，我的一些邻居把家里不用的旧地毯送去，铺在地上，还装了一个煤油取暖器，算是为他们改善了一下条件。

冬天和春天就这样艰难地过去了，学校放暑假了，图书馆居然成了孩子们快乐的天堂。

就在伦敦的一家报纸上率先报道了这件事不久，英国皇家图书协会向他赠送了一大批图书，还给他颁发了奖章。许多人从英国的各个地方给他寄来书籍和信，当他拿到奖章和热情洋溢的信时，我问他："选择，还是放弃？"他再一次肯定地点了点头。从这件事上，他品尝到了坚持所带来的成就感，也让他领悟到了坚持的意义。

当然，不是每一个孩子都会有同样的经历，但他们都有类似的冲动。

是坚持选择，还是放弃？我希望父母和老师在孩子们遇到困惑时，能经常这样问问孩子，而不是去替他们做出选择。

这是孩子由感性走向理性，由幼稚走向成熟的重要一步。

一旦他养成了这样的习惯，他就可以在许多事情上不再处于混沌、蒙昧的犹豫中；一旦他做出选择，也会懂得选择的真正含义。

我认为，一个人，只要他的选择是发自内心的，并在选择后勇敢地面对一切，他一定会有所成就的。

我们要告诉孩子，选择，也就一定意味着放弃另外一种可能，只有放弃，才是尊重自己的选择。只有放弃，才能集中精力去完成所选择的任务。在成人的经验中，我们都明白，一个人以后的生活幸福与否，成就大小，不是取决于他是不是聪明、幸运，而是取决于他是否懂得选择，并为之付出努力。

我们不能因为孩子小而不去告诉他们这个道理，其实对他们而言，生活早已开始了。

6. 让孩子体验成功的快乐

放弃了可以自己做的事，也就永远得不到通过自己努力随之而来的快乐。久而久之，就容易养成一种依赖的坏习惯。

一次，我和小斯宾塞一起决定去攀登德文特河上游的一座名叫"阿喀斯"的小山。

烈日炎炎，我们带足了水和食物开始上路。麦子已经成熟了，在没有风的田野中静静地站立，天空没有一丝鸟鸣。走了一阵，我们感觉饥渴难耐，没有戴遮阳帽，热得很。小斯宾塞有些受不了了，我说，能不能想个办法，遮一下太阳。他想了想说，我们可以用树枝来做一个帽子，这样又凉快又好玩。于是我们摘了一些带叶子的桉树枝，做成了帽子，这样真的凉快多了，走起路来也快多了。下午的时候，我们来到了阿喀斯山。我和小斯宾塞一起往上爬。离山顶还有一段距离，小斯宾塞实在走不动了，他乞求地看着我，希望我能帮他一下。我没有伸出手去，而是鼓励地说："只有你自己爬上去，才会有真正的快乐。再加把劲！"

最后，我们终于登上了山顶，这时阵阵凉风吹来，从山上眺望德比城和像丝带一样的德文特河，风景如画，美不胜收。小斯宾塞快乐地叫了起来。

在一棵松树下，我们坐下来，在凉爽的风中惬意地喝着水。其实生活中有许多事是孩子们可以自己做的，只是由于身边有可以依赖的人，他们就不做了。

放弃了可以自己做的事，也就永远得不到通过自己努力随之而来的快乐。久而久之，就容易养成一种依赖的坏习惯。

7. 养成勤劳的习惯

我不期望他是一个神童，只希望他是一个心智和身体同样健康，有爱心，懂得通过自己的努力来获取幸福生活的人。

在日常生活中，我们要培养孩子劳动的习惯。经常让孩子通过劳动来换取他所想要的东西，比简单地满足他的欲望要好得多。简单的物质给予，使孩子失去了自己争取的乐趣。而我们教育的目的，是在劳动中得到快乐。

让他用劳动来换取，则不仅给了他这样东西，还让他体验了生活的过程。即使他想买一本书，这是再好不过的事了，也要通过劳动来换取。这样，就可以让孩子更加珍惜他所得到的东西。

家庭既是孩子的摇篮和港湾，也是孩子适应社会和未来生活的训练场。

小斯宾塞7岁以后，他所得到的每一件东西，除了必需的学习和生活用品外，几乎都与他的付出有关，只是这不可能真的像社会交易一样等价，但是是等值的。让他知道，要得到就必须付出。因为任何轻易得到的东西，都不会去珍惜。所有人都一样，不独是孩子。

我不期望他是一个神童，只希望他是一个心智和身体同样健康，有爱心，懂得通过自己的努力来获取幸福生活的人。

我认为在这个过程中，在贯彻"等值代换"这一原则的同时，也应特别注意不要让过多的劳动，特别是体力的劳动影响孩子求知的兴趣和精力。这与许多父母出于生活的压力或者错误的观念，把孩子过早当作家庭劳动力是截然不同的。

我们会衰老，会一天天走向无力，精力和雄心都会随着年龄的增长而减少，这是我们每一个做父母的都清楚的。我们既不可能永远给予和满足孩子，也不可能代替他们去生活。未来的生活，需要他们更勤奋、努力，父母没有原则地给予和满足常常是与培养独立意识相对立的。所以说，早一天让孩子养成劳动的习惯，就是促使他成熟和成长。

如果一个孩子经常得到足够的满足，他逐渐会把一切都看成理所当然的事，独立性会变差，习惯于依赖大人。而自身一点生存的能力都没有，离开了父母，就仿佛觉得天都塌了一般，这是很可悲的一件事情。

但是切记：不要因为生活太贫困，就把许多超负荷的劳动全部交由孩子去完成，让孩子过早地承担生活的压力，失去了童年的快乐。这样会损伤孩子的心智和身体。这种情况，在许多贫民家庭里经常可以看到。这种孩子，他的独立意识是无可挑剔的，但他为未来生活作准备的时间和权利却被剥夺了，更谈不上全身心地去学习。最后只能像父辈一样因为能力有限而艰难地生活，而失去了孩子该有的那份自我。

8. 养成从小独立的习惯

我时常告诉他："生活是自己的事，因此你必须自己去面对，但我会给你很多帮助。但不管帮助如何多，最后还是需要你自己去面对。"

每个家庭都深爱自己的孩子，等孩子长大了，不管多么的思念和牵挂他们，他们仍然会走向自己的人生。因此，我们需要抹掉泪水，把坚实的手掌放在他的肩头说："去吧，孩子，那是你的世界！"

（1）绝不娇生惯养

在衣食不缺的现代社会里，过度的娇生惯养则是使孩子体弱多病的原因。

很多父母对孩子溺爱都是出于两个理由：一是爱，因不舍得孩子受委屈，所以几乎毫无选择地满足孩子的需求；二是对孩子的过分保护，害怕遭受一丁点的伤害，甚至哭一下也担心他情绪受到伤害。但这无疑是把孩子放进真空里。这种全方位的防护，对于孩子的成长，没有任何帮助。

事实上，孩子需要从小经历一些自然风雨的打击，这不仅有利于他适应真实的社会生活，而且可以增强身体的自我保护和调节的能力。

（2）爱心相伴的独立习惯

不要因为要培养孩子独立的意识而使你的关爱和教育变得冷淡，也不要因为过度的爱而把孩子保护得如此严谨，或者精心地藏在自己羽翼之下。两种教育方法不可偏废，需要相辅相成。

在小斯宾塞13岁时，在给他的一封信中，我这样写道：

亲爱的小斯宾塞，不管我们是否做好了充分准备，这一天终于来了，从此，你将踏入一个新的世界，开始新的生活了。我无法牵着你的手永远走下去，因为这条路必须你自己去走，但我能够真正向你承诺的，只是对你坚定不移的支持——即使在你希望我走开的时候。我还会给你一些指向建议，把我的经验告诉你，但这代替不了什么，一切得由你自己决定，作出选择，并承担责任。我最满意的是，你已经具备了必要的科学精神和独立思考的能力。但是你不会因此变得孤独，因为我们都爱你，为你的选择和你的做法感到骄傲。

（3）自己面对和解决问题

在狼的家庭中，幼狼出生不久，公狼会把它赶出家庭，让它独自外出游历一番，使它在独立生活的过程中肌肉锻炼得更结实，知觉更灵敏，反应更敏捷，这也是在残酷的弱肉强食的动物世界中传授的生存的技能。

在动物世界中，出于本能的教育，独立训练随处可见。这也是残酷大自然生存法则，逼迫它们做出如此的选择。最后，自然是适者生存。

兽中之王狮子也毫不例外，捕捉到猎物后，幼狮就会被赶开，等到雄狮和母狮吃完后，才让幼狮去撕咬那些剩下的、难咬的部分。这是为了让幼狮从小就懂得，只有通过残杀的竞争才能享受到食物。任何坐享其成的生活方式，在猛兽的世界是不存在的。这只是训练的一部分，另外，在幼狮长到刚刚可以捕食时，也会被大雄狮赶出家庭，独自到自然中锻炼生存的能力。

如果因为爱而把一头幼狼或幼狮留在身边，一旦它失去父母而自己尚无独自生存的能力时，那它必死无疑。因此，凶猛动物的生存方法就是从小训练幼兽独立生活。

适者生存这一点上，人与动物没有差别。尽管人类社会不像动物界那样残忍，但竞争的激烈程度，斗争的复杂程度，远比动物界更复杂。所以，培养孩子的独立性，就必须从小抓起。

相信每一个父母都有过这样的情感体验。孩子出生以后，他的天真、可爱、活泼，就像冬日的阳光、夏日的雨后彩虹那样美丽、动人。从此，你们会相互依偎、相互牵挂，使生活平添许多欢乐与甜蜜的烦恼。

可是等到孩子长大，就像蒲公英的种子一样，随风飘到另一片土壤去生根、发芽。孩子一旦长大，就会离开父母，开始自己的生活，去扮演自己的角色。那些我们经历过的风风雨雨，也会吹打在他们稚嫩的肩头；那些我们曾经面对的生活，也会出现在他们的面前。这就是生活所绕不开的，也是每个人都必须面对的。

孩子们应该属于新世界，新的世界也在召唤他们。他们确实会离开的，不管强壮还是弱小。

不管我们曾经多么深沉地爱他们，也不管思念和牵挂有多么悠长，他们仍然会走向自己的人生。因此，我们要激励孩子走进他们的新世界，并且为他们做一些重要的准备，包括知识、品质、习惯、身体……而从小培养孩子的独立意识，则是重中之重。因此，我很注重对小斯宾塞独立能力和意识的培养。

我时常告诉他："生活是自己的事，因此你必须自己去面对，但我会给你很多帮助。但不管帮助如何多，最后还是需要你自己去面对。"

对小斯宾塞，我从来都不在他跌倒之后扶起他，我只是鼓励他，然后风趣地逗他说："地上的石头想看看你是否能自己爬起来，加油！亲爱的宝贝。"

一般情况下，在学习上，孩子遇到有难度的题目时，总希望父母能帮他。虽然帮助孩子能很快达到目的，但我很少甚至不会这样做。一般情况下，我只告诉小斯宾塞通过哪些途径可以解决，譬如查字典、找资料，如果他还是要求帮助，我会说："这是你自己的事，我相信你能解决。"

是的，感性的语言比简单的叙说更有效。"孩子，这是你自己的事，只有学会了自己解决问题，你才能得到成长的快乐""你自己的事自己做，我才不管你呢"，这两句话说的是一个意思，但收到的效果却会有天壤之别。对于孩子来说，第一种方法会让他听进去，然后把自己独立完成当成一桩乐事。

培养孩子终生受益的习惯吧，从生活中去选取教材。这是父母能给予孩子最好的礼物，它胜过金钱、财富、地位。

第十三章　请尊重孩子的权利

　　成功的教育不仅仅是传递给孩子知识，而且要对孩子进行道德教育培养，更重要的是尊重孩子的权利，如果家长没有认识到这一点，那对孩子进行的教育都是单薄、浅显的。对于孩子的性格形成，就会缺少最重要的一环。

　　多年的教师生涯带给我无限的乐趣，我和孩子们相互学习，甚至我觉得自己从中学到的东西比我所教给孩子们的要多得多，我每天都享受这样的生活：宁静的校园，茂密的树木洒下的树影，爬满院墙的藤条，那些活泼、可爱、天真的孩子都那么让人喜爱……我特别热衷于这样的工作，可是当人们把我称为"教育学家"的时候，我觉得自己并不适应这样的称谓。

　　当我从伦敦回到德比的第二年的时候，我就接受了德比公立学校的校长马泽先生的邀请，去他的学校给孩子们教授一些知识。马泽先生是我父亲的朋友，他担心我不愿意去，还专门通过我父亲来说服我去他的学校任职。其实，他是多虑了，我很乐意教育孩子，不仅仅因为我的家人很大部分都是从事教师这个职业，更重要的是我们都十分热爱教育这项工作。

　　马泽先生对我完全信任，他完全不干涉我的教育方式，这样，我才能按照我自己的教育方式进行教学。我能很好地跟学生们沟通，学生们都很愉快地听我讲课，他们每周最期待的是我给他们讲阅读课、几何课，还有课余后的聊天。很庆幸的是我并没有辜负马泽先生和所有孩子们的期望，几年后，德比中学成了英国非常有影响的学校之一。德比中学的很多学生在以后的人生中都有很好的成就，其中很多人成为了在公共管理、科学、艺术和医学方面等的杰出人才。正是因为看到德比中学学生的成就，才让很多远在伦敦的家长都想把孩子送到德比中学来接受教育。这其中能有什么奥妙呢？其实，说穿了，很简单。

我认为，天下所有的父母和老师都应该亲切地对孩子说出"宝贝，你有说话的权利"这句话，就像对自己说的那样。

在我进行教育的过程中，我始终坚信：尊重孩子的权利的快乐教育能够起到非常好的效果和作用，也更能发挥出他们的潜能来。

1. 上天也赋予了孩子权利

尊重孩子是教育的开端，也是成功的开始。

上天赋予了每个人追求幸福的权利，但是我们不能利用自己的权利为了自己的幸福而侵犯别人的幸福，那么，家长们，你们是否也意识到孩子也拥有这种权利呢？

对于这个问题的回答，答案是肯定的。既然，每个人都有追求幸福的权利，那么其中肯定也包括孩子。但很多父母都觉得"孩子的权利"这个说法很荒谬，觉得不可理解。在他们眼里，孩子是依靠自己生活的，能谈什么权利吗？即便是这样，这也并不意味着孩子们没有拥有这样的权利。试想在封建时代，作为一个普通人，他们会拥有这样的权利吗？答案是：当然是没有。但是在现在这个法治社会，我们就有了这种权利，而且每个人对于有这样的权利都感到兴奋不已，并且觉得这是理所当然的事情。可以说，这是社会的进步促成的。

正如人们所知道的那样，教育的目的是为了培养孩子适应未来社会所需要的技能。那么，要具备哪些技能才能适应未来社会的生活呢？除了必需的技能和知识之外，还应该具有较高的自我控制能力、独立意识、判断能力，总体来说就是一个具备自治能力的人。这种高度的自治能力和所有的能力一样只有通过练习才能得到，因此，这个过程就需要教育孩子不断进行深入练习，让孩子自己判断自己缺少哪种能力，然后再去学习哪种能力。最后做到各种能力都具备，然后才能有能力去创造自己幸福的生活，也间接地为社会造福。

如果孩子将来面对的是一个实行专制统治的国家，那么就可以多教给孩子一些奴性、顺从，少一些自己的独立思考和判断，这是一种比较正确的教育。因为暴虐地对抗，对自己并没有什么好处，有时还会因此而失去生命和自由。我想，无论哪一个父母，都不希望自己含辛茹苦养大的孩子得到这样的结果吧？如果他们以后面对的是一个自由的、民主的、富于创造的社会，我们就不能漠视孩子的权利，不能一味地教会他如何服从、顺从，否则，孩子会步入一个非常黑暗的未来。因为在这样的社会里，许多权利是需要靠自己争取而不是靠什么机构和政府施舍的。

我们能用一种粗暴的方法培养出一个绅士来吗？当然是不可能的。同样，也不能用强制的、专断的方法去培养一个开明的人。因为方法和目的是完全背道而驰的。法律只能够保证孩子的受教育的权利、不被虐待的权利以及受到抚养的权利，但是家庭教育的责任就是让孩子获得精神、心智上的权利。就像一个很少得到爱的人，他就不会懂得如何去爱别人，那么如果一个人的权利从来都没有被尊重过，突然被你尊重了，他就会像你对他那样去对待别人。

尊重孩子是教育的开端，也是成功的开始。

那么，家长应该尊重孩子的哪些权利呢？是不是想到权利我们就无所适从了呢？其实不然，想想在生活中，我们在哪些方面需要被别人尊重呢？我想，你们已经知道答案了，除了"政治"权利以外的我们都应该受到尊重，这些尊重是孩子形成自治能力、自我教育和责任心的重要条件。

2. 孩子也有说话的权利

如果孩子的权利受尊重，他们就会有荣誉感和安全感。他反而会反省自己有没有尊重别人的权利，并努力去改正它，从而增强了他的自治能力。

如果所有的家长和老师都能够温柔地、亲切地对孩子说"宝贝，你有说话的权利"，就像我们对自己说的那样，不管这个孩子是听话的、乖巧的，还是顽皮的，他的成绩是好还是坏时，当他在听到这句话的时候，他必定是满心欣喜的。

当你开始尊重孩子的权利的时候，你教育孩子就开始了，而你，也会因此收获到你所想不到的成功。

世界上每个人都有说话的权利，除非他是聋哑人，但是并不是每个孩子都能够真正地享受上帝赋予他们这项最好的权利，当他们受到指责、批评的时候他们会作出解释和辩解，但是这种情况总是会被享有更高权利的长辈们所制止。在长辈看来，此时让孩子辩解，无异于纵容他们在错误的道路上越走越远。

在很多家庭和学校我们总能听到这样的话，人们都觉得习以为常，不会觉得有什么不正常的。可是，当一个人受到别人的指责和批评时，他们为什么不能为自己辩解、解释呢？无论是从道德还是法律上这都是说不过去的事情。难道我们就那么英明？觉得犯错的只能是孩子而不是我们吗？

通常这种情况发生后，孩子都会本能地感到委屈，甚至有时还会心生怨恨。如果在课堂上发生这样的事情，那么这堂课对于孩子来说就没有任何意义了，想指望他们继续听讲，是不可能的。如果这样的事情发生在家庭里，他通常会到其他事物上去发泄这种情绪，或者会去寻找一种能减弱自己这种感觉的方法，如果他觉得苦就会去找甜的东西，这是动物都会做的事，何况是孩子呢？不找到一种发泄的出口，对孩子也是一种折磨。受到委屈的人常常会因为有委屈的感觉而愤怒或者感到不公平，他们很少会反省自己有什么过错，而被感动的人常常会去反省，那是因为感动增加了他内心强大的勇气。所以，作为家长，就应该想办法让孩子去反省自己的错误。

如果是一个孩子并不尊重的陌生人这样对他，也许孩子在当时会感到非常的愤怒，但是很快他就会把这回事忘记。如果是一个和他关系很亲密的人或者是他很尊重的人这样对他，他就会感到十分的伤心和失落，被至亲的人所误解的感觉会很长时间缠绕在孩子的心上，甚至让他永远都忘不了，因而他会渐渐地丧失对生活的信心。我想，这应该是所有父母和老师们都不希望看到和避免的结果。

相反，如果你是一位明智的老师或者父母，当孩子在不适宜的情况下想要为自己辩解的时候，你们会说"宝贝，你有辩解的权利，等到下课后我们再好好谈谈，好吗？"或者是"现在我很忙，这个问题我们待会再好好谈谈"，如果是这样，孩子被伤害的心得到抚慰，这将会让他们感到受到了尊重，那些他感到委屈、愤怒的情绪将不会存在，反而会信心百倍地反省自己到底是哪里做的不对。或许还等不到约定的时间，孩子的委屈就已经消失了。而在现实中没有哪个老师或父母看到孩子遇到这种情况而保持沉默的。

如果孩子的权利受到尊重，他们就会有荣誉感和安全感。他反而会反省自己有没有尊重别人的权利，并努力去改正它，从而增强了他的自治能力。

在成人的世界里，我们都知道以牙还牙，以眼还眼。如果一个国家的法律规定"受到惩罚的人无权申辩"，如果是在封建社会里，这样的规定也许会持续一段时间，但是在现代这样的社会，愤怒的人们将会站出来将这项法律规定推翻。毕竟，每个人都会拼死捍卫自己的权利。

教育的道德包括要尊重孩子的权利，就像虽然没有法律规定一个人必须去爱另一个人一样，但古老的道德的律规却能让这种爱产生。虽然法律没有规定要尊重孩子说话的权利，但是道德却能让你尊重孩子说话的权利。这就是即使现代科学再发达，古老的宗教依然会有存在的意义。

反对这种观点的人会说，他只是一个孩子而已，而赞同这个观点的人会说，他是未来的成年人。教育的目的是教会人如何去适应未来的生活，让人学会成长。不要让孩子带着混沌的认识走向社会，这将耗费他更多的精力。

3. 孩子有权利得到公平的对待

从教育的目的来看，那种歧视的教育培养出来的更多的是恶人，而富有创造、热情，富于爱心的教育将会培养出更多拥有智慧和文明的人，因此，歧视公平的待遇就是最恐怖的罪恶，也是我们教育的大敌。

如果一个孩子打了另一个孩子，你可能会因为打人的孩子的父母富有或者他有权力而不批评打人的孩子；或者两个同样犯了错误的孩子，你可能因为一个成绩好而不责罚他，你会让另一个成绩差的孩子承担全部的后果；或者两个孩子因为某件事而同时受到怀疑，你可能会把成绩好的排除，而成绩差的则被你怀疑；或者两个孩子都没有回答上老师的问题，老师可能会对一个孩子说："你这段时间太累了"，而会对另一个孩子说："你怎么能连这么简单的问题都回答不上来"；有多个孩子的家庭里，父母很可能会经常对其中的一个孩子叫喊、责骂。这些，都是错误的教育方法，都忽视了弱者也有尊严的事实。

一天我和小斯宾塞在德文特河边散步。我问他和班上的同学最想得到的是什么？他想了想说，是开教室门的钥匙，这让我感到特别的惊讶，难道进教室很困难吗？不是，他说，因为钥匙总是挂在班长的脖子上，每当早晨班长和我们一起去学校时，所有的同学都羡慕不已，因为这代表着一种荣誉和老师的信任。小斯宾塞又笑着说，他甚至有一次在梦里梦到钥匙挂到自己脖子上了。

一年后，当我问起小斯宾塞钥匙的事的时候，他说因为一直以来都没有得到过那把钥匙，所以现在他们都很讨厌那把钥匙了。

这是一个值得所有父母和老师们都该思考的问题。很多时候，孩子们需要的不仅仅是那把钥匙，而是其他的更多的东西。而这些东西，在有的时候甚至能改变一个孩子的一生。

像这样的事情实在是太多太多了，虽然每一件事都有各种各样的原因。但是却都有一个共同点，那就是孩子在很小的时候很多权利就面临着被剥夺的事实，并且会因为孩子的成绩的差异，贫富的差距，乖巧与顽皮，有权利和无权利，甚至是美丑之分，都不可避免地使孩子们在各方面受到歧视。而歧视的烙印很可能会毁了一个孩子。

我们并不能因为孩子年纪小、不懂事而去剥夺他们所应该拥有的权利。如果你很亲切地与孩子谈这个问题，他们则会滔滔不绝地说出很多他们自己遇到过的这类问题，当他们遇到这类情况时他们最直接的反应是："这不公平！"在成人的世界里，我们常常会用公平、公正、正直等去评判一个人的品行，来决定这种人是否值得我们去尊敬和为他效劳。可见，公平在我们的生活中占据了多么重要的位置！就是因为它能给予人同等的机会、平等的对待、同等的尊重和价值的肯定，让每个人都能感到活着的意义。但是，在孩子的世界里，他们常常会因为得不到这种公平的待遇、又无法抗争而不得不无奈地放弃。而另一部分孩子在长期得不到尊重而选择放弃的同时，往往会产生反叛、消极的心理，他们的失落，不快乐的情绪也会增强，虽然对学习产生了厌恶，但是迫于压力而又无可奈何。于是，我们所看到的就是他们用破坏来发泄的情景。

或许，这只是老师和父母想用来鞭策、激励那些成绩差、顽劣的孩子的教育方法，但是这样的教育方式只能产生和成人愿望相反的效果或者更糟的效果。这一点从成年人的社会来看就非常清楚了。我们绝大部分人因为受到不公平待遇，就无法积极上进，失去了创造的动力。而更轻易的就是想到如何去报复。任何以一个个体不受尊重的社会群体所产生的智慧和创造力会远远低于每个人都受尊重的社会群体，让社会因此而付出更大的成本。何况是孩子呢，他们消除和排解这种阴影的能力是非常弱的，所以，也很难走出阴影。

从教育的目的来看，那种歧视的教育培养出来的更多的是恶人，而富有创造、热情，富于爱心的教育将会培养出更多拥有智慧和文明的人。因此，歧视公平的待遇就是最恐怖的罪恶，也是我们教育的大敌。

如果孩子享受到了他们所应有的权利，那么，那些原本就很优秀的孩子就能更真正地发挥他的才能，而那些原本不那么好的孩子也会因为这些权利而受到鼓舞，会变得更加积极上进。他们会更爱家庭或者集体。因为这些权利让他们有价值感、存在感，从而发自内心地爱这个集体或家庭。

4. 孩子有自尊的权利

培养孩子的自尊心是教育的目的之一，也是培养孩子有责任心、荣辱感、上进心的方法，在教育自我认识中这是一个重要的阶段，也是不能跨越的。

每一个生命，从他生下来的那一天开始就明确地与另一个生命完全不同了，包括他的身体、智力、性格，等等。当他看到自己与他人的不同时，他就有了自尊心，希望自己在某些方面超过别人。在以后的生活中，他所有的事都是只与他自己有关系，是别人不可替代的。他将用自己的名字和所指代的"这个人"的有机体去面对生活中的所有的事情，并依靠自己去做出判断，自己去面对那些生活中的遭遇及享受那些胜利和成功。无论他的老师和父母给予他多少的爱，老师和父母们是始终都不能代替他去做任何事。在未来的社会生活中，所有关于他的事就只有靠他自己去承担了。

培养孩子的自尊心是教育的目的之一，也是培养孩子有责任心、荣辱感、上进心的方法，在教育自我认识中这是一个重要的阶段，也是不能跨越的。

自尊是对自我的肯定与认同，他会因为自己的优点而使自己快乐，比如：他为自己拥有灵巧的手指而欣喜，会为自己善于表达情感和思想的语言高兴，会为身体有敏捷跳跃的能力而自豪……正是这种自我认同，他才会不甘落后而积极上进，不断求知，不断地努力，让自己获得成功。当然，他也会犯错误，但是自尊心总是会暗示他改正错误，奋发向上。其实这就是教育的真正目的。

但是总有些教育的手段是相反的，有些父母总是习惯用打击自尊心的方式来教育孩子，当有一个孩子兴高采烈地说："我一定要赶上某某"时，这些父母会说："你？不要做梦了！"或者当一个孩子说："我相信我以后再也不会做愚蠢的事了。"一些父母会说："如果你真的能做到，那么连公鸡都会下蛋了！"当一个孩子确实连续几次都考得不好时，严厉的父母会不断地用手指戳着那个孩子的头或者打骂着说："我如果是你，早就去死了""你为什么这么笨啊"，相信这样的教育方式我们是屡见不鲜的。

如果教育就是如此，那么人类的智慧和道德就会降低很多，所有的这种打击孩子自尊心的言行都将对孩子造成无法挽回的伤害，使他们在潜意识里觉得自己完全不如别人，也赶不上别人。因为当自尊心受到打击时任何孩子的第一反应就是痛苦，有的会在内心反驳，有的则会讨厌自己。他就会对教育者指引的目标丧失动力，他会产生自卑感，抬不起头来，对周围一切产生疏离感和陌生感，甚至仇视。

我们都是从童年走过来的，我们到现在都不能忘记的事中，一是得到欣赏与爱的喜悦，二是自尊心受到打击而伤心的事，有些事甚至连当时的细节我们都记得一清二楚，可见这种教育方式产生的阴影会影响孩子多久，多深，更不用说所造成的伤害了。

我认为，在维护孩子自尊权利这一点上，明智的父母和老师应该多说这样的话："要赶上某某某，这是完全可能的，但重要的是你要成为自己，你是独特的。"

"愚蠢的事，每个人都曾做过，但你认识到了，我相信你绝不会做第二次。"

"你并不笨，只是花的时间和精力不够。"

……

5. 孩子享有机会均等的权利

孩子能否把握每个机会及如何把握每个机会是由孩子的个性决定的，但个性只表现为一种可能性。然而如果没有这样的机会，则什么可能性都没有。

每个孩子都希望得到被信任、被重视、与他人平等的机会。如果小斯宾塞的老师不是只让班长有挂钥匙串的权利，而是让每个孩子都有机会享有这个权利，我想，那位老师得到的不仅仅是一个优秀的班长，而是会拥有很多有责任心和自信心的孩子。而那位班长也能够知道：优秀的人有很多，不止他一个，每个人都有机会可以拥有这把钥匙。这将是一种多么健康的氛围！

约翰·福伯斯爵士曾在一个学校的孩子中做过多次实验，他把孩子分成两组，让一组的孩子享有均等的机会多一些，譬如每个人当一周组长；另一个组的孩子按传统的方法有极少数人才有机会，而且是不变的。结果第一组的孩子关系显得和谐很多，他们大胆、活泼，组织、行为沟通和沟通能力都比较强。相反，另一组孩子则沉闷得多，一如既往。第一组中即使是平时成绩最差的孩子，当机会来临时，他也表现出极强的责任心和忍耐力，这让每一个成人都十分感动他的变化。可以说，正是责任使得他们成熟和有自控力。

孩子能否把握每个机会及如何把握每个机会是由孩子的个性决定的，但个性只表现为一种可能性。然而如果没有这样的机会，则什么可能性都没有。

英国无论在科学、商业还是公共管理领域都已经处于一个民主政治和自由经济的时代，在英国每个人都享有均等的机会，如果孩子从小就看到的是少数人享有机会的情形，那么长大后他在心里就会形成一种固定的思维模式，对事物有一种固有的和极端的、错误的认识，就不会主动去把握机会，因为他们会认为机会是别人的而不是自己的，自己再努力，也是没有用的。这样他不仅没有得到机会，而且也不会去把握机会。这种能力也就慢慢地缺失了，从今天的社会现实中，我们就该明白，尊重孩子机会均等的权利对孩子的成长是一件很重要的事。

因此，我认为正如孩子本身的特点一样，给孩子机会就是给孩子无限的可能性，也是为他们的未来铺平了道路。

6. 孩子拥有独立思考和判断的权利

我认为，父母和老师应该像尊重自己那样去对待孩子可贵的思考，而不是武断地去否定孩子的思考。

人与动物很大的区别就是人有独立思考和判断的权利。在很多事情上一个人是可以被另一个人代替的，比如说，别人可以代替你工作几天，你也可以代替别人工作几天，但是唯独一个人的判断和思维是只属于自己的，不能被别人代替。

孩子无论在哪种场合下，都应该享有独立思考和判断的权利。也许，他们的判断是不正确的，思考是幼稚的，但是这并不可怕。正如古人说的那样，不经过幼稚怎么才能变得成熟呢，没有判断的失误，怎么才能学会辨清好坏呢？何况，正如前面我所说的，教育不仅能帮助孩子获得知识，还能训练他们的心智，并且增强他们对世界认知的能力。这，就是成长。

独立思考与判断对人类知识进步有着不可磨灭的影响，正是这些独立的思考与判断，人们才会发现新的知识，社会才能不断地进步。下面的这些话，都是出自那个时代的官方文件和权威人士：

1840 年："任何以每小时 50 公里的速度旅行的人，一定会因缺乏空气窒息而死。"

1844 年："电力照明一点也不值得严肃地去考虑，因为这是不可能的。"

1876 年："隔着大海通电话，就像飞过大海一样是不可能的。"（出自一位科学家之口）

1878 年："在现实中，不可能以某种方式组装出一架能让人飞行的机器。"

现在来看，在所有的这些在当时被当作权威的言论都被证实是不对的，如果人们一味遵循这样的权威，那么后来的这些事就无从谈起了。也许，我们还处于没有电和没有火车的时代。

如果我们认为为了让孩子以后能够生活得更好是教育的最终目的，那么我们就更应该注重培养孩子独立思考与判断的能力。如果他以后将从事航海，没有独立思考会使他丧命在旦夕；如果他以后将从事商业，那么没有独立思考只会使他赔得精光；如果他以后也要结婚、生子，没有独立思考可能会一生不幸。最后，他还不知道是为什么，不知道自己为什么会沦落到此以及为什么坏运气总是会陪着自己。所以，我从来不轻易否定小斯宾塞在知识和生活事务上的任何想法，相反，我经常真诚地问他"你的看法呢？""你觉得应该怎样？"小斯宾塞也常常闪现出许多可爱的思维的火花。

然而，我在家庭和学校经常听到这样的话语："你以为你是科学家啊？""你居然也好意思把如此愚蠢的想法写在试卷上？""你为什么没有按照标准答案做，难道你平时都没有听过吗？""如果你自己能想出来，那你还要老师和书本干什么？"

我认为，父母和老师应该像尊重自己那样去对待孩子可贵的思考，而不是武断地去否定孩子的思考。毕竟，如果他们真的什么都会，也不需要我们了。要明白会独立思考有自己的判断的人，他们将会对未来充满热爱与激情，在看着也许不整洁的破旧的衣着下，他们是一个会独立思考、头脑灵活的人；在并不讨人喜欢的长相后面，他们也许是一个有着高贵的思考的头脑的人。这就是独立思考的可贵！

同时，我们还要面对一个问题，那就是现在英国的学生所使用的课本或是其他资料，并不全是有意义的。但是，很多教育官员为了私利和商人勾结，把一些错误百出的课本或试卷拿给学生使用。在这样的情况下，人们如果不能独立思考，从错误中寻找正确的答案，他们又怎样来获取知识呢？难道要让这些错误的知识占据孩子们的头脑并影响他们一辈子吗？

7. 请尊重孩子的选择

学习和运用选择的权利将是孩子一生的必修课，这不但可以养成孩子独立思考的意识，而且还能训练孩子的判断力，能让他学会为选择而付出，能承担因自己的选择而带来的后果。

教育的一个重要的目标是教会孩子选择，比如，选择什么样的专业，什么样的方法，放弃哪些爱好，发展哪些爱好，这些都是得靠孩子自己去做出选择的。

现在请每个老师或是父母问一下自己："我能够帮他做决定吗？""我能代替孩子生活学习吗？"答案肯定是"不能"。孩子需要他们自己去面对以后的生活，自己去承担好与不好的结果，还有他们将会面对更多的选择。毕竟，在未来选择什么样的生活和如何生活，都是他们自己的事。

父母和老师在孩子小的时候开始就应该尊重他们的选择。当然，除了一些特别的事外，当一个孩子在做自己选择的事遇到困难时，他就会勇敢地面对，他才会不屈服。然而，当他成功时，他才能真正享受到自己获得成功的喜悦。当然，在选择时，父母应该让孩子知道每个选择的好坏，并告诉他，他应该为自己选择承担后面带来的一切。这就是父母所能做到的最好的事，也是所能提供的最大的帮助。

比如一个孩子不喜欢学钢琴而喜欢踢足球。其实两种活动对孩子都有益处，但是由于父母的意愿而让孩子去学习弹奏高雅的钢琴，很显然，这种忽视孩子自己的感受的选择，会让他的学习过程非常痛苦，因为在学习钢琴的时候他却一心想着踢足球。我曾看到过一则报道，在相似的情况下，一个女孩用弄伤自己手指的方式来逃避学钢琴，再比如孩子希望上午玩，下午再做作业，而父母的要求却相反，于是孩子做了，但他并不快乐，结果效果大打折扣。一个孩子喜欢黄色的衣服，父母偏给他买红色的，因此，孩子就算得到了新衣服，他也不会高兴。有的孩子一生可能都在经验丰富的父母的安排下进行生活和学习，一生都没有尝试自己做过一次选择，结果我们可想而知，绝大多数人都因此而失去了完善自己、发展自己的机会，在碌碌无为中度过一生。并不是所有的孩子都能享有选择的权利，也不是所有的父母都能意识到尊重孩子的选择权极为重要。

学习和运用选择的权利将是孩子一生的必修课，这不但可以养成孩子独立思考的意识，而且还能训练孩子的判断力，能让他学会为选择而付出，能承担因自己的选择而带来的后果。或许，我们觉得这样的选择会很沉重，但是作为父母和老师，我们不能拒绝那些不合理和有害的以及他们不能承担的后果的选择，我们该尊重孩子的选择，也是尊重他的未来。

第十四章　如何塑造孩子完美的心灵

在一个充满知识的社会里，一个人能有多大的爱他就有多大的成就，并且人们会很尊重他，他会很谦逊地给人留下美好回忆。

爱的心灵带来的是积极的情感动力。

母亲的爱是默默奉献、忍耐、宽容的；父亲的爱是为了家庭像战士一样勇敢，从不泄气，坚强不屈；老师的爱是无私的；朋友的爱是纯洁的；亲人的爱是温暖的……这些像大地一样朴素的人们，他们可能是贫穷的，但是他们有爱，他们也愿意付出爱。

物质的匮乏、文化的闭塞并不能阻碍爱的传递，淳朴的母亲、勤劳的父亲，以及质朴的乡村老师都能够传递爱。

因此，培养孩子爱的情感，唤醒他身上沉睡的爱的情感是教育的重要目的。

1. 爱的能量是无限的

孩子的爱是原始的、稚嫩的，如果你在意孩子的爱，那么它就会发芽，但是如果你忽视它，它就会枯萎凋零，你打击它，它就会死亡。

那年，小斯宾塞10岁，在一个下着大雨的夜里，我得到消息，我的父亲生病了，需要买些药送过去。那时是夜里 9 点多钟，我准备好药连夜送回乡下。从德比到我父亲住的地方有 20 多英里，天下着大雨，也没有马车。小斯宾塞一定要求与我一起去，看到他脸上紧张又严肃的表情，我无法拒绝他的要求。最后，我们一起出发了。

我们走了一段路后，雨势越来越大，道路越来越艰难，小斯宾塞的眼睛瞪得出奇的大，他的手紧紧抓着我的手，不时用另一只手擦去顺着头发淌下来的雨水。在漆黑的道路上，我们拿着的小马灯只能照到很小的一块地方。我都很后悔带他出来了，但他却还是往前走。在我们走了快要一半路程的时候，我看到路边有一户人家，建议他休息一下。我早就看出他已经累得不行了，但是他说："我们还是走吧，爷爷等着我们呢!"听到这些话时，我有种说不出的感动，于是我们坚持继续上路。当我们把药送到时，他已经累得站不稳了。第二天，雨停了，一望无际的草场上都被洒满了阳光，他醒来的第一句话就是问："爷爷好了吗?"

这就是一个人初始的爱的力量啊，不管再长再黑的路，只要有爱的阳光照耀，就什么也不会害怕，就再也不会退缩。而我们，也会被这样的爱所感动!

在生活中有很多这样的孩子，他们有超过常人的毅力和耐力，并且在许多领域都有很大的成就，但是当我们去了解他们时，却发现他们的父母远不如我们所想的那样受过很好的教育，他们的老师也都是非常质朴的乡村老师，他们就在这样的教育下成长的。出其不意的是，在这样的教育下，他们的父母和老师却教会了他们更宝贵的知识，那就是：宽容、有爱心、忍耐、勇敢、顽强毅力，等等。所以，在他们身上展现出来的那些素养和品质让条件优越的父母都羡慕不已。这些都是情感的动力，爱的力量。物质的匮乏，文化的闭塞并不能阻碍爱的传递，他们不缺乏爱的温暖。而爱在很多时候，都能迸发出惊人的力量。

孩子的爱是原始的、稚嫩的，如果你在意孩子的爱，那么它就会发芽，但是如果你忽视它，它就会枯萎凋零，你打击它，它就会死亡。

2. 懂得感恩

一个孩子有一颗感恩的心，他才能真正懂得孝敬父母，理解和帮助他人，这是一种美好的感情。它能让我们知道感谢爱自己、帮助过自己的人，这些都是道德教育中的一个重要的内容。

"感恩"是一种处世哲学，是生活中的大智慧。如果我们常常感恩，那么我们心中的积怨就会慢慢地消解，感恩可以洗涤我们内心的浮尘。我们的人生道路不可能是一帆风顺的，我们需要勇敢地面对种种的失败与不如意。但即使再难，我们也不能忘记"感恩"。

在生活中，我们常常会看到这样的人，他们总是向别人索取，从来不懂得回报；总是很乐意接受，而不知道感激。或许，这是让他们唯一感到快乐的方法。

不懂得感激的人，他会觉得得到的一切都是别人应该给予他的，往往忽视了别人的善意，却深刻地记得别人的过错和冒犯。这样的人不会有太多的快乐和感动，因为很多时候他们总是感到痛苦和怨恨，也被这种负面情绪占据了内心。内心缺少安静的人，他很难专注做一件事。而感激，能够把人完全从怨恨和痛苦中解救出来。

从表面上看，这样的人似乎得到了很多，但是实际上他们一无所获。他们无论得到多少从来不会给自己和别人的人生带来快乐。一个自私自利、目空一切的人他只会给自己和他人带来痛苦。

因为只有懂得感恩的人才能获得友谊，才能得到别人帮助。

我教育小斯宾塞：

1. 要懂得感恩，哪怕只是一点点友好的和善意的行为，也要学会感激别人。

2. 我们不能依靠别人而生存。比如，我们每天吃的食物、穿的衣服、住的房子、看到的风景都与别人有关。

一个孩子有一颗感恩的心，他才能真正懂得孝敬父母，理解和帮助他人，这是一种美好的感情。它能让我们知道感谢爱自己、帮助过自己的人，这些都是道德教育中的一个重要的内容。

虽然我们很多时候都要付出才能得到一些东西，但是很多情况下，我们都得到了更多，例如，陌生人不求回报的帮助、老师细心的教导、朋友的鼓励，等等。正是因为我们得到了这些，我们才能不断进步。

3. 让孩子远离仇恨

我们必须承认，这个世界存在许多罪恶的现实。但是我希望我们能用理智来看待这些事，而不要让仇恨占据了我们的内心。

孩子能最直接地感受到社会的不公、家庭的不幸、个人境遇的变化，等等。我们很清楚，我们生活的社会并不是一个非常完美的社会，不是每个家庭都能很幸福，不是每个家庭都很富足，无忧无虑。

在很多时候，我们都必须要面对这样的问题。在孩子幼小的时候，我们应该尽量避免让他们来面对这类问题。可是，孩子在慢慢成长的过程中，他会有自己的意识、判断力、洞察事物的能力，因此，遇到这类事情的时候，我们就应该更加细心地对他们进行指导。

有一天，小斯宾塞非常沮丧地回到家，当我问他时，他告诉我一件令人吃惊的事：原来，莎莎的父亲是德比城里的建筑工人，为了莎莎能在这所学校读书，她的父亲工作很劳累，总是要忙到很晚。莎莎是一个勤奋的孩子，她一直希望能够通过自己的努力学习来回报父亲的辛劳。但是，今天在课堂上，莎莎突然被邻居叫走，说她的父亲出事了。当她见到父亲时，她的父亲已经死了，听人说她的父亲是被别人打死的，去别的建筑工地上偷东西的时候。突然间，莎莎就成了世界上最难过的人……她爱他的爸爸，她痛恨那些伤害她爸爸的人，但是一切的不幸都已经发生了……在讲述这个过程的时候，小斯宾塞已经泪流满面了。

在这件事中，我感到非常难过的就是莎莎的不幸。我的心口被贫困、野蛮、无知、愚昧、残忍这些可怕的东西压着。让我一时间不知道该说些什么。

在我们都镇静后，我们谈了很长时间。我告诉他，我们只有通过知识和爱才能改变这样的不幸，改变愚昧无知。

在后来，我们常常去看莎莎，尽管那些作恶的人受到了应有的惩罚，但是莎莎并没有一点儿的快乐，那些在她心上的伤痛是永远都无法弥补的。

如果孩子内心充满了仇恨，那么他将永远失去安宁，仇恨会蒙蔽他的心智。我们必须告诉他：这就是人与生俱来的本性，当自己或是自己的亲人朋友身上发生了不幸时，那就是不可挽回的。我们应适当通过传播"慈爱"知识来消除这种贫困和愚昧。

我总是试图消除莎莎心里的仇恨，她因为这些仇恨，而变得痛苦不堪。她会失去求知的欲望，如果任凭她这样走下去，那么她失去的不仅仅是疼爱她的父亲了，还有自己的未来。后来，在我的开导下，莎莎走出了悲伤，还考上了伦敦神学院，开始了一段传播爱的旅程。

我们必须承认，这个世界存在许多罪恶的现实。但是我希望我们能用理智来看待这些事，而不要让仇恨占据了我们的内心。

4. 让孩子感受到被爱和被信任

爱，真的需要说出来，任何美好的情感在你说出来时，也会唤起别人同样的美好的情感。

爱与让孩子感受到爱是完全不同的两码事。

　　我认为，如果爱，就应该让孩子切实感受到这种爱，这样将会在某种程度上激发他们身上的积极的情感。

　　在培养孩子健康情感中，让孩子感受到、听到、看到、触摸到爱和信任的存在是其中必要的一部分。

　　在一些中年父母或过于严谨的家庭中，这也许是困难的，仅仅因为有些人习惯去表达，而有些人则不习惯去表达而已。

　　一次，我的朋友查理给我讲了一个他亲身经历的故事。

　　在一个非常平常的日子，我在家里喝着咖啡看着报纸，我12岁的儿子突然对我说："爸爸，我爱你！"

　　在随后的几秒里，我只是傻傻地站在那里，不知道该怎样回应他，该点点头吗，还是语气和善地嗯一声。此时，我竟然有些迟钝和不知所措。最后，回过神来的我却只能对他说："你想说什么，有什么事吗？"

　　他只是笑了起来，什么都没讲就向屋外跑去了，我最后不知所措地把他叫回来，问他到底有什么事。他笑着回答："这是我们老师给我们布置的回家做的一个实验，你明天去问问老师就知道是怎么回事了。"

　　后来，我真的去学校问了他的老师，他告诉我，我们只是想借助这样的实验了解一下父母对孩子在情感表达方面的一些情况，老师说大多数父亲和你的反应一样。

　　这位老师还告诉我，他到现在都没有听到他的父亲对他说这句"我爱你"，然而他却一直期盼着听到这句话。

　　我被查理的故事深深地打动了。

　　我突然发现，我们这些为了生活而苦苦打拼的人，对自己的感情的关注和表达所花费的经历远远不够，孩子需要的不仅仅是桌上的食物和衣柜里的衣服，他们更需要的是自己的父亲对他表达的爱。而这种爱所带来的不仅仅是震撼，而是一种亲情的传递。

　　就在那天晚上，在我走进孩子的房间，准备对他像平常说晚安那样时，我想了一下，我换了一种深深的、富有男人味的声音对他说："亲爱的，我爱你！"

孩子脸上所表现出来的惊讶和感动，让我的心里猛然一酸，自责极了，早知道这样我应该每天都对他说这句话的。

　　爱，真的需要说出来，任何美好的情感在你说出来时，也会唤起别人同样的美好的情感。

第十五章　传播最有价值的知识

我们的一生是非常短暂的，而我们常常要经历很多繁杂的事物。所以我们能用来学习的时间是非常有限的，这也决定了我们不可能在学习方面做到面面俱到。因此，我们无法去审视所学的知识在未来是不是具有价值，去比较学那些不同的知识的结果。学会取舍肯定是聪明的做法。

我们在培养儿童时应该根据这个目的谨慎的原则来选择教育的内容和方法，而不是一味地追求赶时髦。我们应该有选择地教育孩子，为了他们未来的生活以及让他们能够有能力去适应未来的生活。如何对待身体、培养心智、处理事物、带好子女、利用自然界所提供的资源去带给人类幸福，怎样做好一个公民该做的，这些都是教育的主要目的。

一种理想的教育方式不一定能够使孩子全部掌握那些知识，但是它却可以提供更加全面的和完整的知识体系，在这个教育体系里，孩子也能掌握相当比例的知识。

1. 教给孩子生活必需的基本知识

我们应该意识到，收获一种知识，我们可能得到双重的价值：一方面我们可以用它来指导我们的行为，另一方面可以用来培养心智。

人们对知识的选择与他们对食物的选择一样，人们选择食物一方面是出于爱好，另一方面是出于对健康的考虑。同样，选择知识一方面是出于个人兴趣，另一方面是为了实现人生幸福的目的。要让孩子知道有的知识有永恒的内在价值，而有的只有一半的内在价值，而有的则具有习俗的价值。一直以来，科学的真理都具有内在的价值。比如"水中运动的物体所受到的阻力同运动速度成平方比例"，比如"氯是一种消毒剂"。当你懂得了拉丁文和希腊文字就相应地增加了国语知识，即一半的内在价值；而对于以"历史"名义所出现的人名、年代，这个杀了那个，那个推翻了这个，这些陈旧的事，则只能称得上是习俗上的价值。

当然，我们必须承认这个与整个人类有关的事实，比那些历史年代更为重要。在其他情况不变的情况下，有内在价值的知识比有一半的内在价值的知识更重要。另外，还需要说明的一点是，我们应该意识到，收获一种知识，我们可能得到双重的价值：一方面我们可以用它来指导我们的行为，另一方面可以用来培养心智。

（1）有助于自我保护的知识

我们应该把保全我们个人安全的知识和预防各种危险的知识列在首位。毕竟，在这个世间，生存是放在第一位的。

（2）获得生活资源从而间接地有助于自我保全的知识

一个人应该具备劳动、生产、工作和养活自己的能力。只有具备了这些能力后，他才能在社会上生存，才能考虑结婚生子。如果一个人连他自己都养活不了，那么他就无法去承担接下来的很多问题。

（3）抚养和教育子女的知识

抚养和教育子女的知识。家庭是社会的基本单位，要让我们这个社会合理地进行延续和保存，就要教育每个家庭成员如何在社会上进行生存。所以，做父母的知识也需要得到认识和学习。家庭幸福是国家富足的前提和基础。

（4）与维持正常社会关系有关的知识

要学习一个公民所需要的知识，如社会规则、个人责任，等等。这是关系到人能否立足和适应社会的要求。

（5）用于满足爱好和感情的知识

比如欣赏音乐、诗歌、绘画，等等。人不是无感情的动物，掌握这些技能，可以让自己的生活更加丰富多彩。而这些将会对孩子的教育产生很大的积极效应。

2. 学会自我保护的知识

因此，在教育中教给孩子保持良好的心态和饱满的情绪的知识都是非常重要的。

大自然已经安排了直接保证自我保全的那部分教育，而且又考虑得那么周到，这让我们避免了瞎撞。那么，在孩子时期，我们要多给予孩子自由活动的时间和天地，要尽量少限制孩子的活动。当然，出于安全的提醒是必需的，我们也不能像有些父母那样，这也不让做，那也禁止，完全禁锢孩子的天性。

孩子还在母亲怀抱的时候就开始逃避不可知事物带来的危险，他们看到生人会躲起来，这些就已经表现出本能的反应了。等他们学会走路后，他们遇到可怕的事情就向母亲叫喊、求救。不仅如此，他们任何时候都急于追求自我保护知识：怎样才能保持自己身体平衡，怎样才能不被别人撞到。在他们稍微长大些的时候，身体发育了，他们就把力量用在跑、爬、跳跃和身体技巧的游戏中。我们知道，他们所做的这些肌肉发达、知觉敏锐、判断准确的动作都是在给他们的身体能在环境中运动做准备。

但是这并不是全部的自我保护知识。毕竟，社会所包含的凶险远远超出了身体的自然反应。教育要为除了保证身体不因为机械的原因受到伤害之外的其他原因的伤害的这部分做准备。

我们几乎每时每刻都能看到慢性病、急性病、身体衰竭、未老先衰的案例，然而我们只要知道了少许的相关的知识就完全可以避免这些伤害。我们总是能看到这儿有一个人为什么由于大意着凉了患了风湿然后导致心脏病，那儿有一个人是因为什么原因由于过度学习而眼睛受到伤害……我们先不提那些因此而引起的痛苦、烦躁和时间、金钱的浪费，仅仅考虑到因为健康问题而使我们的人生目标受到阻碍，这都是非常遗憾和值得注意的事了。那么我们该如何防止由于违反身体规律而生病、死亡，如何避免由于不良习惯所引起的能力丧失和逐渐衰弱等问题呢？我想，这就是一部分教育所包括的事了。

孩子会因为难以胜任工作而情绪急躁，也会因为对娱乐感到厌烦而无所事事，如此这些问题。因为缺乏自我保护知识往往会对生活中的不幸福和不如意产生消极挫败感，以至于对生活失去了目标。

因此，在教育中教给孩子保持良好的心态和饱满的情绪的知识都是非常重要的。

3. 科学让人终生受益

我们应该把科学当作一件有趣而有益的事带给孩子。这样不仅能够为他们的个人带来财富，还能够让他们的心智更加成熟而美好。

科学是一个在所有知识中能让人终生受益的，且具有永恒价值。

科学无处不在，科学是默默无闻地隐藏着一些未被发现的美德。她包揽了所有的工作，我们所得到的一切便利和满足都来自她的忠诚、技能和美德。然而，她总是在最后才被人们看到她真正的美和价值。

一个具有科学思维的孩子，他能在人生道路上走得更加顺利走得更远。父母和老师都应该用科学知识来启迪孩子的心智，训练孩子的思维，培养孩子的思维习惯和思维方法，这是帮助孩子摆脱愚昧的最有效的途径。

（1）科学具有增强记忆的独特作用

我们应该承认学习语文有助于增强记忆力、理解力，但是科学中的因果关系也有助于记忆。当我们在学习语言的时候，心中要形成的观念都应该符合一些偶然的事实，然而在学习科学时我们更应该注意到我们的观念应该符合一些必然的事实。所以，有了科学的帮助，我们可以帮助孩子减少需要死记硬背的部分，也能减轻他们在学习上的负担。

（2）科学有利于培养孩子的判断力

科学和语言都可作为一种训练手段，但是科学较语言而言，它的优点就是，它能培养孩子对事物的判断力。当然文字也有培养判断力的作用，但是文字主要是针对社会和人的内心的情感的。我非常赞同法拉第在皇家协会所作的关于治理的演讲。他说："只有对周围事物、事件以及它们的相互依存的关系明白后，才能够作出正确的判断。"传统教育培养的孩子，一个最大的缺点，就是缺乏真正的判断力。所以，教师和家长应该用科学来弥补这缺失的部分，培养孩子思考和判断的能力。

（3）科学存在道德和思想中

学习科学很必要，但是往往能让我们迷信权威，人们会不假思索地认同字典和老师所说的，对一件事情没有自己的见解。而缺乏自己的见解，所学的知识不会扎根在孩子们的头脑中。在经过一段时间后，就会被遗忘。

然而科学培养则相反。人们可以自由地去检验科学知识，而不用迷信权威地接受知识。不仅如此，科学学习往往还要求孩子自己去追寻答案。孩子不必要接受现成的观点，除非他自己亲自判断它的真实性。而这在某些方面就会促进孩子进一步地学习某些知识。

如果经过自己的检验而得到了符合科学的正确结果，这样他就会相信自己的能力；如果他的判断、推论正确，那他的信心又会进一步增强，也会激发继续探索的兴趣。在探索科学的真实性的过程中，他就获得了独立的思考能力和判断力。这是一个很重要的品质。

锻炼一个人的坚毅和诚实是科学培养所赐予道德的又一益处。廷德尔教授在一次给我的来信中说道：“科学成功的第一个条件，就是真正的虚心，只要看到自己的成见与真理冲突，都愿意放弃。相信我的话吧，一种前所未有的高贵的忘我精神，常常在一个热爱科学的人身上体现出来。”这就是科学的力量。它不会促使一个人为了自己的错误而去修正科学的理论，并为了维护自己的所谓面子而与科学为敌。

（4）科学还有助于培养宗教的修养

每当我们听到“科学有助于培养人的宗教情感”这句话时总是感到很吃惊。但是在这里我指的是培养人健康的宗教情感。这里的科学与宗教是广义的而不是狭义的。对于那些打着科学旗号的宗教的迷信，科学是反对的，我也不会赞同。

学习科学，人们会对一切事物在运动中所表现出来的一致性产生深厚的崇敬。人们会在知识和经验的积累的过程中相信所有现象中固定的因果关系、好坏结果的必然联系。人们会发现只要服从规律并且照着这些规律去做，事物就会变得更加的美好。而违背科学规律，则要受到惩罚。所以，掌握科学的目的就是为了遵循自然的规律行事。

我们可以通过科学而更加地了解我们自己。科学能把我们带到已知的以及未知的世界中。一个真正的科学家才能理解那些自然、生命和宇宙是怎样的完美和和谐，从而产生真正的虚心与敬畏。

因此，我们应该把科学当作一件有趣而有益的事带给孩子。这样不仅能够为他们的个人带来财富，还能够让他们的心智更加成熟而美好。

4. 先于一切的生命科学

生命科学不仅产生适合社会科学研究的思维习惯，而且，它所提供的特殊的概念是其他学科的钥匙。

对于一般性的科学的学习当然是必需的，特别是生命本身的科学，因为生命科学和其他科学是共同的。

生命的本质在整个有机世界的演化中，其规律是一致的。并且，如果没有研究它简单的表现，就没有办法对那些较为复杂的表现正确理解。懂得这一点后，也就可以发现，孩子们所期待的户外活动、青年们所积极追逐的那些知识，都是他们以后可以运用的素材积累的引导。而这些素材终有一天会成为一项伟大活动。

生命科学不仅产生适合社会科学研究的思维习惯，而且，它所提供的特殊的概念是其他学科的钥匙。生命科学给予其他某些重要的总结概括，没有这些总结性的概括，就没有其他学科的产生，比如"力"的概念，比如"有机性"的概念，人们最初理解它们只能从自身生命中来理解。是一种机械的、本能的反应。而科学就是让我们从本质上去认识它。

生命规律的知识化，任何其他知识的重要性都不及生命的知识。生命规律不仅仅是一切身心过程的基础，而且也间接成为社会各界一切往来、一切贸易、一切政治、一切道德的基础，因为不明白它们就不能够对个人的行为和社会的行为做出正确的调节。

第十六章　在家庭教育中父亲的责任重大

　　作为一个父亲，平时应该多和孩子进行游戏、交谈，并且及时倾听孩子的心声，而且要接受孩子的爱好和感受，分享孩子的快乐和兴趣，甚至分享他的癖好，用一种尊重的态度对他的爱好给予支持。而不是居高临下地俯视和挑剔、批评，甚至是不屑一顾。有些父亲错误地认为想要培养男孩子的勇敢和果断，就不能太过亲近他们，其实男孩和女孩是一样的。他们同样也需要来自父亲的体肤之亲，同样需要呵护，只是程度不同而已。男孩安全感的形成得益于这种充满温情的触摸，这种触摸会让他们懂得如何建立人与人之间的感情，懂得如何去爱别人，因此，体肤之亲是表达爱和支持的基本反映。

1. 孩子的第一引路人是父亲

　　父亲在孩子的人生道路上不仅是物质意义上的供给者，更重要的是孩子最大的精神支持者。

　　孩子走向外面的世界的时候需要父亲的指引。在孩子教育中，不论是性格培养也好，感情教育也罢，还是智力训练或是道德品质的培养，父亲在这些方面都起着重要的作用和影响。无论是好的影响还是坏的影响。

教育和自然界万物的生长一样，遵循其宁静、和谐、渐渐地发展、耐心地等待……相反，如果是太剧烈的变化或者是急切的要求都是不利的，有时所起到的作用还是相反的。

父亲在孩子的人生道路上不仅是物质意义上的供给者，更重要的是孩子最大的精神支持者。如果一个孩子在现实中不能得到这种物质和精神需求，他就会在虚拟的、幻想的世界中去寻找这种需求，而这种虚幻中得到的只是一种有害的麻醉剂。在现实中如果他有一个专制、粗暴、思想狭隘的父亲，那么在以后的道路上他们就会寻找宽容、智慧的精神之父。

所以，我觉得一个父亲在教育实践中的责任是非常大的。但是，很多父亲可能是迫于现实中的压力或者是由于自己本身受教育的程度不高，没有主动承担起这种责任，才会在对教育和培养孩子方面有所欠缺和疏忽；许多父亲不通情理，固执己见，也不尊重孩子的权利和情感，因此，就会产生很多问题。

所以，父亲在教育中起着不可估量的作用。

2. 父亲是孩子走向世界的引导者

父亲会带给孩子对这个世界的极大兴趣。父亲应该引导孩子更大胆地去探索，勇敢地去学习，这是孩子成长过程中的必经之路，很多人在论及父亲的时候，都表明这一点，父亲是孩子走向世界的引导者。

很多时候，人们会认为父亲是一个家庭中经济物质的提供者，父亲的作用就是保证一家人衣食无忧，而把教育孩子的问题和责任归在母亲身上。其实，这是一种非常错误的观点，在实际情况下，孩子更能从父亲的一言一行中找到自己学习的方式。父亲作为孩子走向外界的引导者，他的一切活动都能暗示孩子该怎么去适应外面的世界，包括自然、社会以及成人后感兴趣的事情。更重要的是父亲的坚忍能塑造孩子的内心强大。

我有一个伦敦的朋友叫乔治，他通过自己的努力，最后成为了英国著名的律师。有一次，他告诉了我一个关于他父亲的故事。

他的父亲原来也是个律师，是一名勇于竞争的人。他第一次竞选议员的时候失败了，但是他并没有气馁，又振作起来参加第二次、第三次竞选，最终他胜利了。他父亲的处世哲学告诉他：要对自己的行为负责。

乔治接着又说：我上中学的时候，还是一个非常调皮的孩子。有一次，因为我太冲动了，居然用刀子扎伤了一个同学。后来，我被判处一年的管教。因为这件事，我的家庭也受到很大的打击，我的母亲因此也整天郁郁寡欢，我的弟弟再也没有笑过。而爸爸却什么也不说。终于在周末的晚上，在我们吃完饭的时候，我爸爸居然号啕大哭起来，当时把我吓坏了，因为我从来没有见到他这样过。最后爸爸呜咽地说道："我们在教育你时，到底在哪里做错了啊？为什么受到这样的惩罚？"

第二天，父亲又恢复了往日的镇静，他红着眼睛送我去管教所。他对我说："失败也是生活的一部分，不要只是一味地去埋怨，如果想要改变生活，就需要行动。这是成长必需的代价。你已经付出了代价，现在最重要的是你要从代价里得到教训，并保证以后不再犯。"

通过这件事我感到非常的痛苦，因为我居然让这个世界上最疼我的人这样的痛苦。这是有史以来我长这么大，第一次意识到自己的行为竟然能造成那样可怕的后果。并且最让我悔恨的是我让我的家庭因此而蒙羞了。我发誓，我再也不会做这样的傻事了。

乔治的父亲开启了乔治的悔过之心。父亲在孩子的一生中扮演着重要的角色。父亲会带给孩子对这个世界的极大兴趣。父亲应该引导孩子更大胆地去探索，勇敢地去学习，这是孩子成长过程中的必经之路，很多人在论及父亲的时候，都表明这一点：父亲是孩子走向世界的引导者。

3. 父亲的教育不可替代

作为一位父亲，面对各种问题，他总是能积极解决问题。他总是以勇敢的姿态去面对家庭的困难，会以建设者和创造者的形象出现在孩子面前。因此，父亲的这种榜样很容易对孩子产生积极的作用，而且孩子也能从父亲身上学到面对困难的勇气。如果父亲经常和孩子在一起，孩子则能够学到父亲的其他一些更好的品质，就会变得更加勇敢和自信，甚至更加敢于接触、探索未知的事物。

我认为，如果一个父亲能以身作则，成为孩子学习的榜样，这将会对教育孩子产生很好的正面作用。

很多孩子都喜欢依偎在母亲的怀抱里，因此，人们就认为孩子最喜欢的人是母亲。但是，约翰·福伯斯爵士在做过大量心理实验之后得出这样的结论：比起母亲，孩子喜欢父亲的程度会更深一些。

其实，当孩子开始对亲人有所依恋时，他们对父母的依恋程度是一样的。但是有来访者在场的情况下，孩子会出于本能地把父亲和母亲区别开。当孩子很小的时候，如果父亲在场时，孩子会注视父亲，牙牙学语，有更多的微笑。父亲和孩子在一起时，总是能够创造出一些有趣的事。但是在以后的生活中，父亲会慢慢暴露出严厉、粗暴的一面，从而将孩子对父亲以前的这种美好的情感完全打碎。这些，都是很多人所忽视的。

作为一位父亲，面对各种问题，他总是能积极解决问题。他总是以勇敢的姿态去面对家庭的困难，会以建设者和创造者的形象出现在孩子面前。因此，父亲的这种榜样很容易对孩子产生积极的作用，而且孩子也能从父亲身上学到面对困难的勇气。如果父亲经常和孩子在一起，孩子则能够学到父亲的其他一些更好的品质，就会变得更加的勇敢和自信。甚至更加敢于接触、探索未知的事物。

所以说，父亲的教育不可替代，也是不可缺少的。

4. 做孩子的伙伴和朋友

父子关系不仅仅是抚养和被抚养者、教育和被教育的关系，更应该是伙伴和朋友的关系。

我特别希望每位父亲都能够把孩子当作自己的朋友和伙伴，以自己所得的人生经验和所赏识的教养去和他们进行平等的交流。

在孩子一岁时，父亲能够很敏感地知道他的意向。这时，父亲应该对孩子的行为给予更多的鼓励，而不是去约束。当孩子两岁时，这时，孩子正处在生理上的断乳期，这时父子的关系显得尤为重要。到孩子 7 岁时，会在心理上寻找超越母子关系的亲密的伙伴。因此，父亲就很适宜充当这一角色，此时父子的关系会更加稳定、亲密、敏感。

父子关系不仅仅是抚养和被抚养、教育和被教育的关系，更应该是伙伴和朋友的关系。

有一件事是我至今难以忘怀的。在小斯宾塞上中学的时候，当时他的数学、生物学成绩远远超过了同龄人，但是有一次数学考试的时候，他没有得第一名，因此他非常沮丧，仿佛发生了一件非常可怕的事。他说想和我谈谈，我当然也很愿意。我开导他说，就像我自己不能在社会上每件事都能做好一样，一个人不可能永远都是第一名。他问："如果你遇到这样的事情会怎么办？"我告诉他，那就祝贺考取第一名的人。

后来，小斯宾塞在自己的日记中这样写道："我仿佛听到了一个朋友的劝告，我觉得自己得到了另一种新的快乐。当我这样祝福考取第一名的同学时，他所流露出的感激也使我终生难忘。因为他已经为此努力了 3 年了，可是仅仅因为我，他之前从来没有考过第一名。"进入孩子的内心世界，理解、同情和支持孩子，这将极大地提高他们感知外部世界的能力和自我反省的能力。这就是父亲教育的目的所在。

想想吧，只有和孩子有着同样竞争经历的男人，才能理解他们的心情啊！

我希望每位父亲可以用自己的人生经验，用自己所赏识的教养，经常像朋友一样与孩子平等地进行交流。

当他受到挫折和失败的时候，告诉他：一切都可以重新再开始；毕竟，生活的道路还很长；

当他遭遇不公平的时候，告诉他：这不是你的错；

当他在悲观沮丧的时候，告诉他：其实，你已经开始走向成功了；

当他在怨恨抱怨时，告诉他：每个人都会犯错，试着宽容一些对大家都有好处。

5. 请不要充当统治者的角色

如果草坪缺少水的滋养，那么它一定会枯萎，也还有生长的机会；但是如果草坪遇到一场洪水，它可能会全部死亡，因为洪水会把它们的根和土壤都冲走了。所以，我们的教育就是要培根固基。

我个人认为教育与自然万物的生长规律是一样的，它们都需要和谐、宁静、慢慢地发展和耐心地等待，并且这些条件在教育中是不可缺少的。在教育过程中，家长和老师们不要只是追求结果而对孩子过分地要求。家长和老师们在很多时候应该试着去放弃个人的一些冲动和权威，让孩子能够在自由的环境中学习并让他们快乐地成长。

如果草坪缺少水的滋养，那么它一定会枯萎，但仍有生长的机会；但是如果草坪遇到一场洪水，它可能会全部死亡，因为洪水会把它们的根和土壤都冲走了。所以，我们的教育就是要培根固基。

在教育中，家长和老师们应该随时给予孩子成长所需要的适宜的水和阳光、养料，因为这些都是孩子成长必不可少的条件。有一个顽固不机灵的士兵，他希望自己的孩子像一位政治家一样，可以在公众和亲朋好友面前为他争得荣誉。可是，如果真是这样的话，他又觉得孩子太斯文了。他希望自己的孩子很强壮，甚至可以和一头牛去进行搏斗。可是，他又会觉得孩子太粗鲁而显得没有教养。总之，他总是觉得孩子不合自己的要求，他从来没有让自己感到快乐，总是为家庭的未来而担忧，有点杞人忧天的感觉。为了实现自己的目的，他总是用体罚来教育孩子，而从来没有尝试过和孩子和气地进行交谈。试想，如果孩子长期和这样的父亲生活在一起会怎么样呢？无疑，对孩子来说是一场灾难，孩子要么会是他的期望的相反，没有任何成就；要么很早就产生了逆反的心理，会等待机会选择离家出走去寻找自己的天地。

我认为，如果一个父亲真心希望自己的孩子过得幸福快乐，他就该避免在家庭教育中充当这样的暴君角色，而该是和孩子平等地相处，平等地进行沟通交流。

在一个专制的君主统治的国家下，只会产生越来越多的隐藏愤怒的奴仆而不会有思想独立的天才，并且这样的国家到处都是压制和不断的反抗，而不会有和谐和安静。一个家庭也是如此，专制独断与不平等都将会成为这个家庭灾难不断的缘由，也是教育失败的主要原因。